蓝色海洋

佛国仙山普陀岛

刘 可 编写

吉林出版集团股份有限公司

图书在版编目（CIP）数据

蓝色海洋 : 佛国仙山普陀岛 / 刘可编写. —— 长春 :
吉林出版集团股份有限公司，2014.3
ISBN 978-7-5534-3859-7

Ⅰ．①蓝… Ⅱ．①刘… Ⅲ．①山－介绍－舟山市－青
年读物②山－介绍－舟山市－少年读物 Ⅳ.
①K928.3-49

中国版本图书馆CIP数据核字(2014)第046201号

佛国仙山普陀岛
FOGUO XIANSHAN PUTUODAO

编　　写	刘　可	
策　　划	刘　野	
责任编辑	林　丽	
封面设计	艺　石	
开　　本	710mm×1000mm　　1/16	
字　　数	75千	
印　　张	9.5	
定　　价	32.00元	
版　　次	2014年3月第1版	
印　　次	2018年5月第4次印刷	
印　　刷	黄冈市新华印刷股份有限公司	

出　　版	吉林出版集团股份有限公司
发　　行	吉林出版集团股份有限公司
地　　址	长春市人民大街4646号
	邮编：130021
电　　话	总编办：0431-88029858
	发行科：0431-88029836
邮　　箱	SXWH00110@163.com
书　　号	ISBN 978-7-5534-3859-7

前　言▌

　　远观地球，海洋像一团团浓重的深蓝均匀地镶涂在地球上，成为地球上最显眼的色彩，也是地球上最美的风景。近观大海，它携一层层白浪花从远方涌来，又延伸至我们望不见的地方。海洋承载了人类太多的幻想，这些幻想也不断地激发着人类对海洋的认知和探索。

　　无数的人向着海洋奔来，不忍只带着美好的记忆离去。从海洋吹来的柔软清风，浪花拍打礁石的声响，盘旋飞翔的海鸟，使人们的脚步停驻在这片开阔的地方。他们在海边定居，尽情享受大自然的馈赠。如今，在延绵的海岸线上，矗立着数不清的大小城市。这些城市如镶嵌在海岸的明珠，装点着蓝色海洋的周边。生活在海边的人们，更在世世代代的繁衍中，产生了对海洋的敬畏和崇拜。从古至今的墨客在此也留下了他们被激发的灵感，在他们的笔下，有美人鱼的美丽传说，有饱含智慧的渔夫形象，有"洪波涌起"的磅礴气魄……这些信仰、神话、诗词、童话成为人类精神文明的重要载体之一。

　　为了能在海洋里走得更深、更远，人们不断地更新航海、潜水技术，从近海到远海，从赤道到南北两极，从海洋表面到深不可测的海底，都布满了科学家和海洋爱好者的足印。在海底之旅的探寻中，人们还发现了另一个多姿的神秘世界。那里和陆地一样，有一望无际的平原，有高耸挺拔的海山，有绵延万里的海岭，有深邃壮观的海沟。正如陆地上生活着人类一样，那里也生活着数百万种美丽的海洋生物，有可以与一辆火车头的力量相匹敌的蓝色巨鲸，有聪明灵活的海狮，有古老顽强的海龟，还有四季盛开的海菊花……它们在海里游弋，有的放出炫目的光彩，有的发出奇怪的声音。为了生存，它们运用自己的本能与智慧在海洋中上演着一幕幕生活剧。

除了对海洋的探索，人类还致力于对海洋的利用与开发。人们利用海洋创造出更多的活动空间，将太平洋西岸的物质顺利地运输到太平洋东岸。随着人类科技的发展，海洋深处各种能源与矿物也被利用起来以促进经济和社会的发展。这些物质的开发与利用也使得海洋深入到我们的日常生活中，不论是装饰品、药物、天然气，还是其他生活用品，我们总能在周围找到有关海洋的点滴。

然而，海洋在和人类的相处中，也并不完全是被动的，它也有着自己的脾气和性格。不管人们对海洋的感情如何，海洋地震、海洋火山、海啸、风暴潮等这些对人类造成极大破坏力的海洋运动仍然会时不时地发生。因此，人们在不断的经验积累和智慧运用中，正逐步走向与海洋更为和谐的关系中，而海洋中更多神秘而未知的部分，也正等待着人类去探索。

如果你是一个资深的海洋爱好者，那么这套书一定能让你对海洋有更多更深的了解。如果你还不了解海洋，那么，从拿起这套书开始，你将会慢慢爱上这个神秘而辽阔的未知世界。如果你是一个在此之前从未接触过海洋的读者，这套书一定会让你从现在开始逐步成长为一名海洋通。

目录

独具特色的普陀文化

普陀美食

流连普陀的文人墨客

祖国东海的一颗明珠

　　普陀位于浙江省东北部，地处亚热带地区，风景优美、气候宜人，一年四季都很适合休闲度假。普陀岛受亚热带海洋季风气候的影响，岛上树木茂盛，并且还生长着许多国家级保护树种，其中鹅耳枥为普陀特有，十分的珍贵。普陀山是我国的四大佛教名山之一，是著名的观音大士的道场，每到观音诞辰日等重大节日时，都会有很多信徒来到普陀朝圣，这也就形成了普陀特有的佛教文化。

一朵美丽的小花

普陀地理位置比较优越，地处长江三角洲经济区、浙江省东北部、舟山群岛东南部，长江、钱塘江、甬江入海口的地方，临近上海、杭州、宁波、温州等对外开放的大中型城市。西北距离上海165千米，西距离宁波73千米、杭州210千米，西南距离温州265千米，与台湾基隆港相距550千米，与日本长崎港相距852千米，离韩国仁川港897千米，区位优势十分优越。故此，这里的经济受到地区的影响，发展较快。全区岛屿繁多，共有大小岛屿400多个，其中有人居住的30个左右，有的岛屿不适合人类生存。普陀海岸线十分曲折，总长831.43千米，总面积6730平方千米，其中海域面积比较广阔，共计6271平方千米，而陆域面积仅仅459平方千米。普陀界处于北纬29°32′~30°28′，东经121°56′~123°14′之间，它的纬度位置决定了它隶属亚热带海洋季风气候。在其境内佛教盛行，普陀山也因为佛教而得名。

普陀岛受亚热带海洋季风气候的影响，呈现出冬暖夏凉、四季分明的气候特征；同时，受到海洋季风的影响，风大雾多，雨量充沛。依据气象站对普陀地区20年气象资料的分析，年平均气温达到16.1℃，最冷月（1月）平均气温也在0℃以上，可达5.4℃，最热月（8月）气温在27℃左右，也是适合人们旅游活动的；日极端最高气温38.2℃，日极端最低气温-6.5℃；年降水量十分充沛，全年降水量可达1186.9毫米，降水天数平均149.1日，很适合植物生长，同时因为雨量充沛，此地自然环境比较优美；其中降水多分布在春夏季，秋季雨量较少，相对湿度72%~91%（平均80%）。降雨量充沛并不代表日照量少，普陀地区年日照时数平均2133.7小时，日照的充足更是保证了当地稀有树种的生存。普陀岛受到来自海洋季风的明显影响，秋季多偏北风，春夏多偏南风，同时，7、8、9三个月有台风的侵扰，当然，做好台风的防范也是当地必须要做的工作。一年中霜雪天气较少，无霜期可达254天，结冰日数平均18.3天，很少出现积雪的现象。

普陀山是佛教圣山，具有悠久的历史文化，其中，宗教文化浓厚悠长。如果想要追溯其历史，那么早在两千年前，普陀山即为道人修炼的宝地，也因为当地绝佳的气候因素，更是吸引了秦安期生、汉梅子真、晋葛

▲自然景观

稚川等人曾来山炼丹、修道，至今山上仍留有"炼丹洞""仙人井"等遗迹。

在历史上，普陀山名几经更变。我们可以追溯到春秋越王勾践时（公元前497年—公元前465年），当时普陀山与舟山等岛统称"甬东"。再传到西汉成帝时（公元前32年—公元7年），南昌尉梅福来山隐居，采药炼丹，自此得名梅岑山。到了宋朝时称其为宝陀山。宋宝庆在《昌国县志》中记载："梅岑山观音宝陀寺在县东海中，梁贞明二年建，因山为名。"宋张邦基《墨庄漫录》云："宝陀山，去昌国两潮，山不甚高峻。"元称补陀洛迦山。宋至明代有以梵语"补怛洛迦"意译称白华山。随后又到明万历三十三年（1605年），钦赐宝陀观音寺为"护国永寿普陀禅寺"，山

▲海洋蓝天

4

以寺为名，此为普陀山名字的开始。因其东南海中有洛迦山，又有普陀洛迦的称谓。昔时历代帝王多建都北方，其南之东海称作南海，故元、明时期也称南海普陀。

普陀，佛教《华严经》中"一朵美丽的小白花"之意，名字简单而美丽。普陀岛素有"海天佛国""南海圣境"之称，可见佛教文化深入当地文化的"骨髓"，同时此地也是著名的海岛风景旅游胜地，每年都会吸引众多的游客。岛上风光秀美，古刹神庙，洞幽岩奇，云雾缭绕，有超尘脱俗之感。山石林木、寺塔崖刻、梵音涛声，皆充满佛国神秘色彩。岛上树木繁茂，鸟语花香，素有"海岛植物园"的美称，再加上生长着一些名贵的树木，这些名贵的树木为普陀增加了不少人气。普陀山共有66种百年以上的树木1221株。除了千年古樟，还有被列为国家一级保护植物的我国特有的珍稀濒危物种普陀鹅耳枥。海岛四周金沙绵亘、白浪环绕，渔帆竞发、银涛金沙环绕着大批古刹神庙，构成了一幅幅绚丽多姿的画卷，这般美景怎能不吸引人呢？磐陀石、心字石、梵音洞、潮音洞、二龟听法石、朝阳洞等，大多名胜古迹，都与观音有着不解之缘，并流传着美妙动人的故事，这些无不吸引着众多信佛者。美丽的风景与古迹呈现各种姿态，引人入胜。普陀十二景，或险峻、或幽幻、或奇特，给人以无限遐想，让人流连忘返。

古人云："以山而兼湖之胜则推西湖，以山而兼海之胜则推普陀。"普陀是华东地区海洋旅游资源最丰富、最独特的地区，也是旅游资源的主要积聚地，每年来此地旅游的人多不胜数。普陀诸岛山海景观独特与浓郁的海岛风情形成一张张美丽的画面，再加上底蕴深厚的海洋文化，更是饱览海岛风情的美丽画卷，感受东海海洋文化的绝佳去处。"海天佛国"普陀山被誉为"五朝恩赐无双地，四海推崇第一山"，拥有全国最大的观音道场，此地也是诸多文人墨客的笔下良材。从金庸笔下的桃花岛又可以体会到"射雕城里探神秘，海上桃源享闲情"的美妙意境；"沙雕故乡"朱家尖是中国沙雕的发源地；"中国渔都"沈家门渔船聚集，是观赏渔港秀色、品尝海鲜美食的好地方；登上六横岛、蚂蚁岛、东极诸岛，那里的"渔家乐""海上人家"则可以一圆"当东海渔夫"的美梦。

东海的渔都

渔业资源一直是临近海洋的国家所十分重视的资源之一，中国是最早认识和开发利用海洋的国家之一，同时也是世界古代海洋文明的先驱之一。普陀岛人祖祖辈辈以捕鱼为生，从而在普陀地区形成了以"鱼"为特色的饮食与文化。

普陀拥有着得天独厚的渔业资源，同时，普陀是一个以海洋捕捞为主的渔业大区，当然，对海洋生物的深加工也增加了当地人们的经济收入，从而普陀地区便成为中国重要的海水产品捕捞、加工、销售中心。目前，此地拥有各类渔船3700余艘，总吨位32万吨，有鱼虾贝藻等各类海产品1000多种，海洋捕捞产量列全国渔业县（区）之首，由此可见，对海洋资源的开发利用，更是为当地的经济发展增加了活力。

普陀地区的旅游业发达的一大原因是海域辽阔，海水和海涂资源丰富，这样宽阔的海域更加为当地的旅游业增光添彩。当地含舟山渔场内中街山、洋鞍两渔场，面积广阔，约3.4万平方千米，自然条件优越，生物资源丰富，有海洋生物1100余种，尤其渔业资源丰富，种类繁多，其中鱼类140种，以大黄鱼、小黄鱼、带鱼、乌贼、鳓鱼、鲳鱼、马鲛鱼、鳗鱼、比目鱼为主。随着资源变化，作业调整，拓展渔场，马面鱼、鲐参鱼及鲷类已成为主捕鱼类。蟹虾类亦有40余种，以三疣梭子蟹、哈氏仿对虾、鹰爪虾为主，这些资源都成为当地饭桌上的美味佳肴，喜爱吃海鲜的人，更是会为了美食而来当地旅游。

一个临海地区要想发展，必然离不开一个功能齐全的港口。国内外著名的沈家门渔港则是舟山渔场的中心港口，也是全国最大的渔港，与挪威卑尔根港、秘鲁卡亚俄港合称世界三大渔港。此渔港长约11.5千米，宽0.17~0.19千米，是东西走向多口门的天然良港，港域320万平方米，水域185万平方米，海底平坦，泥质粉砂，是理想的渔轮锚泊、避风港，也是全国最大的渔货集散地。在每年的渔汛旺季，国内沿海各省市的近万艘渔船云集，避风、修理和补给生产、生活资料，因此，这里也成了天然的综合性的港口。沿港岸设有船厂、柴油机厂、锚链厂及石油、渔网、渔机等为渔业生产服务的企业百余家。目前，沈家门港已成为客货运输综合性港口，发挥着不可替代的作用。

污染无疑是造成自然环境破坏的关键因素，而随着工业的发展，海洋污染问题日益严峻。海洋污染必然会影响到渔业发展，再加上近些年的过度捕捞，最近几年海洋渔业捕捞受到严重的影响。近几年，为全面保护海洋资源，区政府坚持积极引导渔民调减国内捕捞、网撒远洋、弃捕从养，发展"休闲渔业"和海运业，以结构调整和组织创新为重点，力争建设成为国内一流的现代化海洋渔业基地。据有关资料的统计，截止到2008年，全区海水养殖面积已达到4.2万余亩，产量3.2万余吨，产值5.5亿元，占到了全区海洋渔业总产值的15%以上，这对当地经济的发展无疑起到了促进作用。当地主要养殖紫菜、海带、蛤、蛏子、对虾、蟹和鱼类。

除了发展海水养殖业外，普陀地区还大力发展水产品精深加工，水产品的深加工产品甚至出口到了国外。水产品加工和综合利用是渔业生产的

▲浪花

延续，大力发展水产品加工和综合利用，对支持水产养殖业的发展具有重要作用，这不仅提高了渔业资源的附加值，其也为涉渔产业拓展了发展空间，还为渔农就业提供了发展途径，更成为当地经济发展的创收的途径之一。现在全区拥有水产加工企业180家，产值在105亿元以上，产品远销美国、日本、韩国、东南亚及欧盟等35个国家和地区，在世界上也有着不可小视的影响力。目前，普陀已形成了集渔业捕捞养殖、水产品交易、产品加工、科技研发等环节的产业体系，海产品也成为当地的一种特产，再加上设施设备、加工技术和产品质量保障体系均在全国领先，水产品精深加工比例达到45%以上，已基本建成具有"产业规模化、企业集聚化、产品精深化、市场国际化"特征的全国一流水产品精深加工基地。

富饶的仙岛

普陀有山就有水，俗话有言"山遇水则活"，普陀境内海涂、浅海水流通畅，海水营养盐丰富、生物含量高，是鱼、虾、贝类养殖的良好场所。可供开发利用的浅海、滩涂、围塘面积达12万亩，这些不仅为当地提供了丰富的旅游观光的资源，同时也为当地的经济发展带来了更大的契机。再加上深水网箱、高标准围塘等养殖新方式、新技术得到推广，全区养殖面积5.32万亩，其中大黄鱼的全人工养殖成功，是水产养殖技术的一大突破，被国家科技部评为养殖金奖。

▲潜水

普陀地区除了渔业资源非常丰富外，海盐的产量也非常高，并且品质也比较高。自古以来，我国海盐生产都是以海水为原料，海水中含盐量很高，这一点是不争的事实，因此从海水中提取食盐的方法主要是"盐田法"，这是一种古老的而至今仍广泛沿用的方法。使用该法需要有适宜的气候的配合，才能够提炼出高质量的海盐，在气候温和，光照充足的地区选择大片平坦的海边滩涂，构建盐田。由于普陀区境内岛屿周围多滩涂，坡面平坦蓄水渗漏性小，适宜海盐生产。

普陀旅游资源十分丰富，其中自然景观以海、沙、山、石、洞、礁等为主，类型众多，吸引了众多的游客。沙滩资源得天独厚，沙滩面积占浙江省沙滩总面积的四分之一，人们可以在沙滩上享受日光浴，游客可以尽享沙滩带来的乐趣。各岛屿地质以花岗岩为主，经地壳运动和海水侵蚀，形成千姿百态的山石景观和海礁景观，千奇百怪的山石海礁让游客流连忘返。其中，以普陀山的西天门景区和南天门景区、朱家尖的白山景区、桃花岛的安期峰景区，以及东海前哨东极岛的东福山等最为著名。普陀的人文旅游资源也十分丰富，与自然景观融为一体，相得益彰。普陀山为中国四大佛教名山之一，自唐代就开创了观音道场，是国内外最大的观音菩萨供奉地，在我国沿海及东南亚一带久享盛名。朱家尖已经打响"沙雕"品牌，被国际沙雕组织认定为世界上沙质和风景最好的沙滩之一，这无疑提升了它的地位。桃花岛传说是秦朝安期生隐居之地，虽只是传说，但是也让很多人信服，更因武侠文学大师金庸先生名作《射雕英雄传》蜚声海内外，被蒙上"海上仙山"的神秘面纱。"十里渔港"沈家门也是全国最大的渔货集散地，近年来更以海鲜夜排档闻名遐迩，吸引着众多游客慕名而来。

▲海底

　　普陀区境内岛屿星罗棋布，每个海岛都有其独特之处，海岛岸线曲折，岙口、岬角环列，形成许多港口、港湾、水道，并且岛屿环抱，口多腹大，水深浪小，少淤不冻，加之多泥质粉砂或粉砂质泥底，腹地可建港口设施，其避风性能、锚地都非常好。根据探测，全区12~20米水深岸线44千米，是建设深水泊位，泊航巨轮的理想港区，港口的建立必然也是促进当地旅游业发展的关键因素之一。

海岛植物国

普陀山山势起伏，林木葱翠，溪涧幽深，一眼望去郁郁葱葱，植被覆盖率在75%以上，山中有维管植物900种左右。普陀山是有名的"植物王国"，山中有名的古树非常多，百年历史以上大树有1329株。同时，稀有物种也不少，国家保护植物有普陀鹅耳枥、普陀樟、舟山新木姜子、野大豆、全缘冬青等，其中普陀鹅耳枥为普陀特有树种，目前仅残存1株。另外，滨海植物也十分丰富，种类也有近百种，常见的滨海及海岛特有植物有海桐、红山茶、滨枪、枪木、单叶蔓荆、日本珊瑚树、普陀孝顺竹、海萝卜、滨海前胡、芙蓉菊、绢毛飘拂草等。从植物品种与植被覆盖率上都能够看出，普陀山是植物生存的天堂。

普陀鹅耳枥

普陀鹅耳枥是国家珍贵的树种，属落叶乔木，高达13米，胸径为70厘米；树皮灰白色，且光滑，小枝灰褐色，疏被长柔毛。叶厚纸质，卵状椭圆形至宽椭圆形，叶长最大可达10厘米，叶宽3.5~5厘米，先端锐尖或渐尖，基部圆形或宽楔形，边缘具不规则的刺芒状重锯齿，下面沿脉密被短柔毛，脉腋间具簇生毛。普陀鹅耳枥的生长环境决定了它的习性，由于长期生活在云雾较多，湿度较大的生境里，比较耐阴，所以说如果在北方干旱的气候中，它的生存会受到一定的威胁。原长在以蚊母树为优势种的常绿阔叶林内，现仅有一株位于稀疏杂木林中，伴生植物主要有山茶、红楠、普陀樟等。根系发达，具有耐旱、抗风等特性。雄花于4月上旬先叶开放，雌花与新叶同时开放，果实一般于9月底10月初开始成熟，成熟之后的果实往往会下垂。

我国特有树种普陀鹅耳枥只产于舟山群岛以及普陀岛，但是由于近几年植被被破坏，生境恶化，目前仅有一株保存于该岛佛顶山。又因开花结实期间常受大风侵袭或气候影响，结实率很低，种子即将成熟时，受台风影响而多被吹落，更新能力极弱，树下及周围不见幼苗，已处于濒临灭绝境地。对于名贵树种的保护，相关部门已经给出了一些措施。

保存物种和增添普陀岛自然风景区景色不仅仅对当地有着很重要的作用，并且对世界物种的保护也有一定的意义。它具有一定的生态学和生物学特性，比如在分布地区上都受到了海洋气候影响，全年冬暖夏凉，年平

▲天然气码头

均气温为16.3℃，适合的气候自然是促进它存活的关键因素。1月平均气温为5.5℃，8月平均温26.8℃，最热月平均气温不超过30.1℃，最冷月平均气温不低于3℃，这样冬天无冰雪，夏季无酷暑的天气，让它更易存活。同时，普陀地区雾期长，相对湿度达90%左右，年降水量平均1200毫米，雨日一般在150日以上，这种天气自然会让它变得更加耐阴。而此地土壤为红色土壤，pH值在5.5~5.7，土层较厚，有机质含量4.8%，肥力较高。

这株稀有的植物的发现也是一个奇迹，它是1930年我国著名的植物学家钟观光教授在普陀岛上发现的。1932年，我国另一名植物学家郑万钧教授正式将这棵珍稀宝树定名为普陀鹅耳枥，现为国家重点保护植物。

舟山新木姜子

舟山新木姜子属樟科常绿乔木，最高可达12米，属于乔木中的高株植物；小枝带绿色，光滑嫩绿，当年新生的枝条常被棕黄色绢状毛，从这一点上就能够分辨出是否新生枝叶。叶子互生，革质，长椭圆形或卵状长椭圆形，叶子长可达到18厘米，宽3~7厘米，两端渐狭，先端渐尖，尖头钝，离基三出脉，上面深绿色，下面粉白色，幼叶下垂，下面被棕黄色绢状毛，后变无毛或有残留贴生毛；叶柄长2~3厘米。花单性，雌雄异株；花朵形状比较接近伞的形状，生于枝端叶腋，没有总的梗枝，密被黄褐色绢状毛；苞片大，交互对生，迟落，花被裂片，卵形；雄花具雄蕊，能育雄蕊具花药室，内向瓣裂；雌花的退化雄蕊基部有长柔毛，子房卵圆形，没有软毛的包裹。

舟山新木姜子也是一种稀有物种，属于国家二级重点保护植物。其嫩梢、嫩叶密被金黄色绢毛，在阳光照耀及微风吹动下闪闪发光，十分漂亮。这种植物分布于浙江舟山群岛，生于海拔范围在150~350米处的丘陵谷地，潮湿多雾的气候更加适合这种植物的生长。在同纬度地区的日本、朝鲜半岛也有分布。舟山新木姜子1996年被定为舟山市市树，很适宜长江流域及沿海各地栽种。

舟山新木姜子不仅仅是一种稀有的植物，而且具有很高的观赏价值。春天幼嫩枝叶密被金黄色绢状柔毛，在阳光照耀及微风的吹动下闪闪发光，俗称"佛光树"。这种植物也吸引了很多游客的到来。在冬季红果满枝，与绿叶相映，十分艳丽，是不可多得的观叶兼观果树种，珍贵的庭园观赏树及行道树。同时它还具有一定的经济价值，树干通直，出材率高，材质优良，结构细致，纹理通直，富有香气，是建筑、家具、船舶等的上等用材，因此它可谓全身都是宝贝。另外它具有丰富的文化内涵，并且与佛相伴，在阳光的照射下金光闪闪，有"佛光树"的美誉，在每年农历二月十九观音大士诞辰来临之时，其嫩梢枝叶就披上金黄色的绒毛，在阳光下熠熠闪光，为佛国增添了一层神秘莫测的色彩，令众多善男信女叹为观止，因此，人们对此树变得更加地喜爱。舟山新木姜子间断分布于日本、朝鲜和我国东部沿海地区，对研究上述地区的植物区系和保存种质资源有一定意义。

普陀樟

普陀樟，常绿乔木，最高植株可达20米，胸径达40厘米；树皮淡褐色；小枝绿色，光滑。叶革质，芳香，近对生或在枝条上部的互生，卵状长椭圆形或长椭圆形，先端渐尖，基部宽楔形或近圆形，上面深绿色，有光泽，下面淡绿色，两面无毛，离基三出脉距基部约1厘米，中脉与侧脉在两面隆起。聚伞花序从枝上叶腋生出，由6~20花组成伞形状；总花梗长3~6厘米，花梗长5~10毫米，均无毛；花淡黄色，萼片6，宽椭圆形，外面有短毛。浆果状核果，椭圆形至椭圆状卵形，长约13厘米，果托浅杯状，边缘或具浅圆齿，熟时呈现紫黑色。

　　普陀樟树冠饱满，枝叶浓密，四季常青，抗海风，耐盐雾，是一种珍贵的沿海山地及滨海庭院绿化观赏树种。生长在佛顶山慧济寺钟楼旁的一棵普陀樟，树干端直，树形美观，绿叶浓荫，与金碧辉煌的钟楼相互烘托，十分雄伟壮观。在后山海澄庵门口有普陀樟两株，最大一株树高12米，胸径54厘米，树龄约200年，为普陀樟之最。

▼普陀

普陀樟是中国和朝鲜、日本的间断分布种，对研究东亚植物区系有一定的学术意义。木材坚实致密，纹理直，耐腐，耐水湿，是优良的用材树种。浙江普陀岛已建立国家重点风景保护区，应对本种加强保护，严禁砍伐。

全缘冬青

全缘冬青产于浙江普陀潮音洞和佛顶山，它与人们常见的万年青有所不同。其属常绿小乔木，一年四季都为嫩绿色，最高植株可以达到5.5米；树皮的颜色是灰白色。因为其生命力的强大，小枝也能够生长得十分的粗壮，呈现出茶褐色，有纵皱褶以及椭圆形凸起的皮孔，比较粗糙，没有绒毛。树叶生在1~2年之后的，才会生枝，叶片厚，属革质，呈倒卵形或倒卵状椭圆形，倒披针形，叶长可达6厘米，宽1.5~2.8厘米，前端钝圆，叶柄部楔形，叶面深绿色，背面淡绿色，两面没有绒毛；主脉在叶面，平或微凹，背面隆起，侧脉6~8对，于叶缘附近分叉并网结，在叶面可见或不明显，在背面凸起，网状脉在叶面不明显，背面稍明显；聚伞花序簇生于当年生枝的叶腋内，每个分支上都会长1~3朵花簇，基部芽鳞革质，卵为圆形，很多不易数清；雄花序之聚伞花序具3花，总花梗很短，花梗长3~5毫米，没有软毛的包裹。雄蕊与花瓣长短接近，花药卵状长圆形；退化子房半圆形，顶端微凹。雌花未见。果1~3粒簇生于当年生枝的叶腋内，果梗长7~8毫米，无毛，具有纵向皱纹的特征，基部具2枚卵形宿存小苞片；果球形，直径10~12毫米，成熟时红色，宿存花萼，轮廓近圆形，具浅的圆形裂片，无毛，亦无缘毛，宿存柱头盘状，中央微凹，4裂；分核4，宽椭圆形，长约7毫米，背部宽约4毫米，背面具不规则的皱棱及洼穴，两侧面具纵棱及沟或洼穴，内果皮近木质。花期一般为每年的4月，果期一般为每年的7~10月份。

唯美浪漫的海岛风光

　　普陀地区旅游资源十分丰富，不管是佛教文化、山海景观，还是渔村风情、海滨度假，甚至是海鲜美食都形成了其独特的旅游文化，这些方面都成为吸引人们不远千里来这里游玩的动机。其中以"海天佛国"普陀山、"国家海岛生态公园"朱家尖、"十里渔港"沈家门构成的普陀"旅游金三角"最具特色。

"海天佛国"普陀山

看过《西游记》的人往往会被书中描写的观世音菩萨居住的宝山仙境所吸引。例如孙悟空参见观世音菩萨的情形："急急离了瀛洲，径转东洋大海，早望见洛迦山不远，遂落下云头，直到普陀岩上。见观音菩萨在紫竹林中与诸天大神、木叉、龙女，讲经说法。""但见那，汪洋海远，水势连天。祥光笼宇宙，瑞气照山川。千层雪浪吼青霄……水飞四野振轰雷，浪滚周遭鸣霹雳……山峰高耸，顶透虚空。中间有千样奇花，百般瑞草。风摇宝树，日映金莲。观音殿瓦盖琉璃，潮音洞门铺玳瑁。绿杨影里语鹦歌，紫竹林中啼孔雀。"这描写的正是中国的四大佛山之一、观世音菩萨的道场——普陀山。普陀山的美景是言语无法表达的，或许在《西游记》中的描述才算相对贴切。

普陀山并非像它的名字一样是一座山峰，其实它的真实身份是东海舟山群岛中的一个小岛，这座小岛南北狭长，面积约12.5平方千米。岛上风光秀丽，洞幽岩奇，古刹琳宫，云雾缭绕。普陀山与九华山、峨眉山、五台山合称中国佛教四大名山，而且又以山、水二美著称。普陀山是座海山，水中有山，山傍海水，充分展示了海和山的大自然之美，山海相连，显得秀丽雄伟。普陀山这个名字也是有一定来历的，也是有一定内涵的，它是印度语的简称，又称普陀洛迦山、

▲普陀

补怛罗迦、布怛落伽等，汉语叫小白华山。普陀洛迦原为一山之名，因为中国人习性好省略，或称普陀，或单呼洛迦，久之遂成为两座山了。

　　普陀山是全国著名的观音道场，其宗教活动可溯于秦朝，可见其历史文化悠久。在山上原始道教及传说仙人炼丹遗迹随处可觅。作为观音道场初创于唐代，据说，有一位梵僧来拜访游历潮音洞，想要感应观音化身，他在潮音洞中目睹了观音大士的真身。唐咸通四年（876年），日本僧人慧锷大师从五台山请来观音像乘船归国，船航行到莲花洋时遭遇风浪，触新罗礁受阻，多次尝试都没有成功，慧锷大师认为观音是不肯东渡到日本，便把圣像留在潮音洞旁供奉，称为"不肯去观音"，观音道场自此始。后来经过历代对观音精神的推崇，现今寺院林立。在最鼎盛的时期全山共有四大寺、一百零六庵、一百三十九茅蓬，四千余名僧侣，史称"震

▲普陀

旦第一佛国"。

　　宋元两代，是普陀山佛教迅速发展壮大的时期，这与当时统治者的政策与信仰有很大的关联。宋乾德五年（967年），也就是宋太祖赵匡胤的内侍（太监）王贵来山进香，并赐锦幡，首开朝廷降香普陀之始，此次进香有着很重要的历史意义。再到元丰三年（1080年），朝廷公开赐银修建宝陀观音寺（即今前寺）。此举在当时吸引了很多日韩等国来华经商、朝贡的人，他们也开始慕名登山礼佛，这个时候普陀山就已经开始小有名气。绍兴元年（1131年），宝陀观音寺主持真歇禅师奏请朝廷允准，将山上700多户渔民全部迁出，普陀山从此便成了佛教净土。嘉定七年（1214年），朝廷赐钱修缮圆通殿，并指定普陀山为专供观音的道场，与五台山（文殊菩萨道场）、峨眉山（普贤菩萨道场）、九华山（地藏王菩萨道场）合称为我国四大佛教名山，此时普陀山的佛教内涵已经深入人心。每

22

逢农历二月十九观音菩萨诞辰日、六月十九观音出家日、九月十九观音得道日三大香会期，全山人山人海，寺院更是香烟缭绕，一派海天佛国景象。

普陀山凭借其特有的山海风光与神秘幽邃的佛教文化，再加上当时适宜的气候特征，很早就吸引众多文人雅士来山中隐居、修炼、游览。据相关史书的记载，最早在2000多年前，普陀山就成为道人修炼的宝地，同时也吸引了众多的文人墨客来此畅游。秦朝安期生、汉朝梅子真、西晋葛稚川，都曾来山修炼。自观音道场开创以来，观光览胜者络绎不绝，尤其是对那些崇尚佛教和佛文化的人来讲，这里更成为他们的必来之地。陆游、董其昌等历代名士，都曾登山游历。历朝名人雅士、文人墨客，或吟唱，或赋诗，留下了大量珍贵的诗文碑刻，这也使得普陀山的文物古迹极为丰厚，更充实了当地的文化内涵。说到普陀山的历史文化，它受到五朝恩宠，千年兴革，佛国香火，由是鼎盛，赫赫声名，广播远扬。"海上有仙山，山在虚无缥缈间"，普陀山以其神奇、神圣、神秘，成为驰名中外的旅游胜地。

普陀山还是中国古代海上丝绸之路始发港的重要组成部分，对中国与世界的交往起到了一定的促进作用。早在唐朝就成为日本、韩国及东南亚国家交往的必经通道和停泊之地，因此，在当代普陀山的文化也比较繁盛。现在山上仍保留着高丽道头、新罗礁等历史遗迹，民间还流传着韩国民族英雄张保皋等人的事迹，这些都充分表现了当时与世界交往的程度。

如今普陀山已经成为中外文化交流的窗口，成为集礼佛观光、避暑度假、文物考古、海岛考察、书画写生、影视摄制、民俗采风于一体的国家重点风景旅游区。

　　因为普陀山的气候环境比较好，普陀一年四季都可畅游，不管是什么季节都有可供观赏的景观。虽然普陀山一年四季都可以旅游，但是如果你想要体会佛教文化，那么选择何时上岛，还须留心斟酌。如果是香客和善男信女想要进香拜佛，应特意选择三个日子上岛：农历二月十九观音菩萨诞辰日、农历六月十九观音出家日、农历九月十九观音得道日。这三个日子都是最佳的进香时期。 其中以二月大香会期最繁盛，六月游山避暑的人也多，九月则称小香会，香客会少一些。这三个日子的前三天，大批香客上岛，候船时间可能长一点，住宿价格也可能略高。一般游客如果想观览佛事盛况，可专门选择这几个日子，如果怕人多拥挤，可以避开这几个时间上普陀山。

▲普陀

『景中之景』普陀十二景

普陀以山兼海之胜，山水之间自有更加壮丽之美。普陀山风光独特，四时景变。其风景点数以百计，可谓风光无限，不管走到哪里，你都会无意间发现暗藏的美景。游览普陀山的历代名人曾凭各自的观感，分别有"普陀八景""普陀十景""普陀十二景""普陀十六景"，不管是拥有多少景观，都只是为了证明普陀山的景色、景观之壮美。诗人描绘的十二景为：梅湾春晓、茶山夙雾、古洞潮音、龟潭寒碧、天门清梵、千步金沙、莲洋午渡、香炉翠霭、洛迦灯火、静室茶烟、磐陀晓日、钵盂鸿灏。从其诗中也能够领略到十二景之绝美。到了清代，文人裘班所编的《普陀山志》也记载了十二景，但是其所说的十二景与现在所讲的略有不同。现在人们说的"普陀十二景"一般是指：莲洋午渡、短姑圣迹、梅湾春晓、磐陀夕照、莲池夜月、法华灵洞、古洞潮声、朝阳涌日、千步金沙、光熙雪霁、茶山夙雾、天门清梵。

莲洋午渡

莲洋就是莲花洋，水中莲花浮动，一片美景。此景处于舟山本岛与普陀山之间，北接黄大洋，南为普沈水道。此洋以慧锷想迎观音像回国，海生铁莲花阻渡的传说得名。清康熙《定海县志》转引《普陀志》云："宋元丰中，侯夷人贡，见大士灵异，欲载至本国，海生铁莲花，舟不能行，倭惧而还之，得名以此。"莲花洋是登普陀山进香的必由之路，当旅客的航船行至大洋之上，如果赶巧正遇上午潮，就能欣赏到洋面波涛微耸，状似千万朵莲花随风起伏，令人心旷神怡，浮想联翩。如遇到大风天，这里则是波翻盈尺，惊涛骇浪，另一番极为壮观的景色。曾有渔歌咏道："莲花洋里风浪大，无风海上起莲花。一朵莲花开十里，花瓣尖尖像狼牙。"

短姑圣迹

进了佛国山门，往东南约300米处，便是短姑道头，也就是短姑美景所在地。滩上有"阔十余米，长百来米，小石自相零附，两侧错列巨细不一、形状各异的岩石"，有些石上镌有"短姑古迹"等字样，出没于潮

▼普陀

汐浪涛之中，成为旧时的天然船埠。船到短姑道头边，可是靠不了岸，还得用长不过一丈、宽不过三尺的小舢板摆渡，这也形成了一道美丽的风景。早在清光绪三十一年（1905年），普陀山住持了余、莲禅二僧因潮落潮涨，往来船只靠岸不便，遂募资用巨石垒成长达11米，宽8米的石条道头，此举方便了以后的船只来往。在没有建普陀山客运码头之前，凡前来普陀山参礼进香、观光者，都要由此登岸。

梅湾春晓

梅湾春晓指普陀山的早春景色，因西部山湾为梅湾，普陀山也有梅岑之称。据传此地生长着很多野梅。每当早春季节，春回大地，遍山野梅，香满山谷，青山绿树，映衬着点点红斑，煞是一番美景，曾被人誉为"海上罗浮"，此景美不胜收。每当晴朗无风时日，伫立西山巅，远眺莲花洋，只见渔舟竞发，鸥鸟翔集，海中波涛，粼粼闪光，山外青山，层层叠翠，美不胜言。若在月夜，则疏枝淡月，岛礁朦胧，幽香扑鼻，更加令人陶醉。

磐陀夕照

"磐陀夕照"指磐陀石一带的傍晚景色，晚霞映在磐陀石之上，可谓美不胜收。由梅福庵西行不远处便可看到磐陀石。磐陀石由上下两石相累所成，下面一块巨石底阔上尖，周广20余米，中间凸出处将上石托住，称为磐；上面一块巨石上端扁平，底部尖，高达3米，宽近7米，呈菱形，人们称为陀。上下两块石头接缝的间隙很小，如线一般，睨之通明，似接未接，远远看去如同一石空悬于另一块石头之上。每当夕阳西下之时，石披金装，灿然生辉，石面反照光线更是显得格外抢眼。人们如能在此时登上石顶，环眺山海，则见汪洋连天，景色壮奇。"磐陀夕照"堪称普陀山之一大奇观。

莲池夜月

"莲池夜月"指的是海印池的月夜景色，海印池在普济寺山门前，也称"放生池""莲花池"，原是佛家信徒在此放生的池塘，后来种植很多莲花，即称"莲花池"。"海印"为佛所得三昧之名，如大海能汇聚百川之水，佛之智海湛然，能印现宇宙万法。海印池的面积约有15亩，开始建于明代。在海印池上建了三座石桥，中间一座称为平桥；北边与普济寺中山门相连接，中间建有八角亭，南衔御碑亭。御碑亭、八角亭、普济寺古刹都建在同一条中轴线上。古石桥横卧水波，远处耸立着一座古刹，疏朗雄伟中透出股灵秀，真如人间仙境，美轮美奂。莲花池三面环山，四周有参天的古樟，池中的清水为山泉所积，并非是人工而为，泉水清莹如玉。每当盛夏之际，池中荷花开放，荷叶田田，映衬着古树、梵宇、拱桥、宝塔倒影，构成一幅十分美妙的图画。夏季月夜到此，或风静天高，朗月映池；或清风徐徐，荷香袭人。池中种了荷花，而荷花又是佛家爱戴之物，又称之为莲花，它象征的是圣洁、清净。在佛家的称谓中，极乐世界为"莲邦"，所以认为彼土众生以莲花为居所，认为众生皆有"佛性"，只是由于被生死烦恼所困扰，没有显发出自己的佛性而已，因而陷在生死烦恼的污泥之中。莲花则"出淤泥而不染，濯清涟而不妖"，故佛教以莲花来比喻"佛性"。观世音菩萨就是普度众生往生莲邦的"莲花部主"。

法华灵洞

法华灵洞景观奇特，引人入胜。其中，方圆巨石自相垒架，形成洞穴数十余处：有的狭隘低洼，要想经过可谓要小心谨慎；有的宽广如室，中奉石像，供人们进洞观赏；有的上丰下削，泉涓滴漏，自石罅流出而下注

▲普陀寺

成池，每个洞穴都有独特之处。普陀山洞穴虽多，层复出奇，唯此洞最吸引人。洞外有"青大福地""普陀岩""东南大柱"等题刻，更增加了此洞穴的灵性与观赏价值。

古洞潮声

洞半浸海中，纵深30米左右，崖全洞底深约10米。此处海岸曲折往复，怪石层层叠叠。古洞底部伸向大海，顶端留有两处缝隙，称为天窗。潮音洞口朝大海，呈张口状。古洞中怪石日夜被海浪击拍，潮水奔腾汹涌入洞口，声势浩大，犹如飞龙，声音像打雷一样响亮。如果再赶巧遇上大风，浪花拍打石头，飞溅开来，浪沫能直冲到"天窗"之上。如果天气晴朗，洞内会出现美丽的七彩霓虹，令人叹为观止。据有关资料记载，宋元时期来普陀朝山的香客，多在潮音洞前叩求菩萨现身赐福或者是祈祷求佑。到了明朝以后香客则多去梵音洞叩求观音大士显灵。香客中常有纵身跃下山崖，舍身离世，希望升入西方极乐世界的人，于是为了避免人们的这种轻生行为，定海县令便在岸上建了一座小亭子，并亲自书《舍身戒》，立碑禁止舍身之举。

朝阳涌日

过仙人井，登上八宝岭向东望去，会看到高岗上有岩石斜峙像极了大象，这只"大象"伸鼻举目，眺望东海，此即为象岩。象岩上侧，犹有驯服似兔的兔岩。象岩的东侧临海处，层梯而下，有一个天然的洞窟，大小不过一丈，然而却幽邃窈冥。洞外巨石参差不齐，岩石积叠入海。洞口面朝东面的海洋，洞身左右是百步沙与千步沙。每当晴天的时候，清晨在此看日出，观望海景，景色壮丽，令人叹为观止。旭日"巨若车轮，赤若

▲普陀

丹沙，忽从海底涌起，赭光万道，散射海水，千鲜相增，光耀心目"。所以人们给它起名为"朝阳洞"，并把"朝阳涌日"列为普陀十二景之一。在普陀山见日出，以朝阳洞为先。朝阳洞也是倾听潮音的大好去处。朝阳洞上原来有一个朝阳庵，根据史书的记载，身处此庵，浪涛轰鸣其下，如千百种乐交响迭奏，别有一番情趣。摘霞亭又称朝阳亭，建在朝阳洞左侧平台上，近崖濒海，每当旭日东升，霞光辉映，景色壮丽。

千步金沙

千步金沙，此景主要侧重于沙，所谓的沙滩颜色犹如黄金，纯净松软，宽坦柔美。在这里海浪日夜拍岸，涛声不绝。浪潮嬉沙，来如飞瀑，止如曳练。每当遇大风激浪，则又轰雷成雪，骇人心魄。倏忽之际，诡异尤常，千变万化之间，产生动人心弦之感。千步金沙沙坡平缓，没有大波突起，海面宽阔，并且水中没有乱石暗礁的存在，因此，常为游泳健儿所青睐，也是人们嬉水的好去处。选择在夏日来此处游玩的游客，千万不要错过这一景观，或者在游玩山水之后，赤足漫步其上，此时你会感受到海浪亲抚你的脚面的快感，其趣其味，如果不是亲自尝试，很难想象。或者游客会选择静静地在沙滩上坐上一会儿，听听潮声，看看海面。或者干脆换上泳装跃入佛海波涛，它会给游客带来无限凉爽，驱走全身的燥热。当你浮游在大海的怀抱中时，身心也许会慢慢地与大海交融起来，这时你会觉得你就是海，海就是你，你与海似乎已经成为一体，不可分割。千步金沙美不胜收，并不只是白天才能彰显出它的美丽，每临月夜，婵娟缓移，清风习习，涛声时发，其清穆景色更为诗意盎然，夜景中它也可谓是一颗明珠。故此，有人曾将其与壮丽的朝阳涌日，合称普陀山绝观。到普陀山游玩，晚上能清晰地听到千步金沙那里的海潮音，声若雷轰，震耳欲聋，像万马奔腾似的，比欧阳修《秋声赋》中所说的声音还要大得多。

传说这里海潮声之所以异常响亮，也有着一个小故事，故事的主角是蛇王，讲到蛇王虽然无条件把山借给菩萨开道场，但它心中难免有些不舍，于是要求菩萨说出一个归还的日期来，到时候可以物归故主。菩萨对蛇王说："那一天全山听不到我的弟子敲木鱼的声音，或者千步沙前的海潮音声不响了，那时我就把山让还给你。"普陀山的范围很大，现在已经发展到三大丛林，八十余家院庵，一百六十多个茅蓬，所以每天木鱼声音是响彻不断的，尤其海潮声更是无法停息，永久不断的。当海潮拜浪的景观映入眼帘，不管风来自何方，千步金沙的海潮是始终不会随风转浪的，仍然是一波一波地扑向这一边来。有人说，大潮拜浪其实是无情的潮水在朝拜观世音菩萨。

光熙雪霁

光熙峰在佛顶山东南方向，一名"莲石花"，又名"石屋"。从远处望去，此峰翠绿丛中，峰石耸秀，像极了莲花，又如白雪堆积山峰。"光熙雪霁"指的是光熙峰的雪后美景，其为普陀十二大景观之一。由于普陀山难得下雪，因此要想观看到此景，必须要挑选好时机，如在冬天便显得宁静而奇妙。如果你运气好，赶上一场大雪，登上佛顶山，俯瞰光熙峰，犹如碧玉塑就，银装素裹，美景在你眼前浮动，千树万树梨花开，山色混一，海大抵与冻云齐平，美不胜收。此时此景，你自然会觉得心清虑净，犹如身临洁白无垢的佛国净土，舒畅无比，让你忘记俗世中的爱恨情仇，有一种超尘脱俗之感。光熙峰的雪景，是不大容易见到的，尤其是对于游客来讲。但普陀是佛家圣地，佛门弟子常来常往，或常住静修，就有缘观赏普陀山的"雪霁"风光。

茶山凤雾

茶山位于佛顶山后，自北而西，蜿蜒绵亘。山势空旷，山中多溪涧，蜿蜒不绝。而每在日出之前，茶树林凤雾缭绕，时而如丝似缕，时而氤氲弥漫，有一种若隐若现之感。此时此刻，如若身处其间，如梦如幻，自然会令人遐思无限。在古代普陀山根本没有居民，只有山中僧人，他们自种自食，种茶是住山僧人的一项重要劳作，也是他们修炼的一种途径。每到采摘季节，众僧一齐出动，山上立刻出现一种"山山争说采香芽，拨雾穿云去路赊"（明·李桐诗句）的繁忙景象。普陀茶山之茶，被人称作"云雾佛茶"，因为此茶树多为僧人所植，因而山僧谈论"茶山凤雾"也别具情韵。

▲普陀

天门清梵

天门清梵，指普陀山最东端梵音洞的景观。从法雨寺经飞沙岙，经过祥慧庵，即为普陀最东部的青鼓垒山。青鼓垒插入普陀洋之中，想必是此地常为惊涛拍崖，潮声撼洞，昼夜轰响，宛如擂鼓，故又称"惊鼓擂"。在青鼓垒山东南端有一个天然洞窟，洞若斧劈，有百米之高，峭壁危峻，两边悬崖构成一门，习称梵音洞。在普陀山众多神奇的洞壑中，梵音洞的磅礴气势和陡峭危壁，为其他洞所莫及，因此，大部分游客是不会放弃来这里观赏的。梵音洞山色清黔，苍崖兀起，距崖顶数丈的洞腰部，中嵌横石如桥，宛如一颗含在苍龙口中的宝玉。两陡壁间架有石台，台上筑有双层佛龛，名"观佛阁"。凡欲观览梵音洞者，先要从崖顶迂回沿石阶而下，然后来到观佛阁。观佛阁具有神秘的一面，据传在这里观佛，人人看到的佛都不同，即使是同一个人，也会随看随变，极为奇异。此地又是梵音洞观潮听潮的最佳之处，佛阁下曲屈通向大海，海潮随浪入洞中，拍崖涛声如同万马奔腾，又如龙吟虎啸，日夜不停，听到潮声之人无不惊心动魄。很多佛家信众至此，大部分喜欢在洞口膜拜，祈求见到观世音菩萨现身。清康熙三十八年（1699年），皇帝御书"梵音洞"额赐挂于此处。

『桃花传奇』桃花岛

桃花岛，这个享誉盛名的景观，属于国家4A级旅游景点，其南临对峙山，此山为舟山群岛的最高峰，山脉向四周延伸开来，形成了群峰起伏的景象，层峦叠嶂的山海风景更是迷人。桃花岛古时称"白云山"，后来改名为桃花岛是有一个故事的。据说秦时安期生抗旨南逃至桃花岛隐居，修道炼丹，一天喝醉酒，将墨洒在山石之上，形成桃花纹，故石称"桃花石"，山称"桃花山"，岛称"桃花岛"。

提到桃花岛，人们都会感觉很熟悉，我们首先会想到金庸先生在《射雕英雄传》里提到的桃花岛。其实这个桃花岛就是金庸先生笔下的桃花岛的原型，金庸先生也曾亲口证实过。1994年4月6日至8日，金庸先生抵达舟山普陀访问时说："这是我第一次到普陀，《射雕英雄传》写于1957年至1959年，那时并没有到

▲桃花岛

▲桃花岛

过桃花岛。我是从地理书上看到东海有这么一个岛，因为我是浙江人，写《射雕英雄传》时需要一个海上的岛，有一点浪漫情调的，不能离大陆太近，也不能太远，桃花岛的位置很适合，面积不小，南宋时期罕有人迹，十分适合成为书中的黄药师啦、黄蓉啦、周伯通啦等人的活动天地，书中宋朝时的桃花岛的情况，跟现在的情况也不尽相同。如果人们要证实《射雕英雄传》书中的东海桃花岛的原型是不是舟山群岛中的桃花岛，我说是的。"

桃花岛风光优美，自然桃花盛开之时更加让人流连忘返，这里自然风光与人文风光相映成趣。最著名的有大佛岩景区、桃花峪景区、安期峰景区。

绿树成荫、诗情画意的大佛岩景区

大佛岩景区也是著名的景点之一，景区内绿树成荫，郁郁葱葱，流水潺潺，曲径通幽，如诗如画。当游客登上大佛岩顶，极目远眺舟山群岛恰似水上盆景园，美不可言，另有一番诗情画意。大佛岩景区是金庸先生笔下《射雕英雄传》中桃花岛岛主黄药师的主要活动场所，因此更加吸引人。该景区因而也就成为桃花岛武侠文化的发源地，当然也是武侠文化旅游专线的起点站。

大佛岩中腹的"清音洞"是安期生漂流到桃花岛后的第一个居室。洞口上刻有"清音洞"三字，为天然的岩洞。在洞内有一条石缝，宽约10厘米，长20余米，直通岩顶，有阳光射入石缝，是名副其实的"一线天"。此洞直通岩底，两端说话声音都清晰可辨，故称"清音洞"。金庸先生在《射雕英雄传》中对此景点作了重点描述，书中此处就是黄药师藏《九阴真经》和关押老顽童周伯通的石窟。

大佛岩是桃花岛的标志性景观，它的特别之处在于不管是远眺还是近望都一样大，在阳光反射下格外的醒目。大佛岩底围有268米，高72米，占地面积6239平方米，海拔287米，顶部面积百余平方米。攀登大佛岩是件很惬意的事，攀登虽不难，但也要攀藤扶树，钻洞挤缝，有一种"山重水复疑无路，柳暗花明又一村"的感觉。

奇石林立、惟妙惟肖的桃花峪景区

桃花寨位于桃花峪景区的中心位置，占地面积大约2平方千米，这里绿树成荫，环境幽静，是休闲小憩之佳处。杏黄旗、红灯笼、好汉曲，让你仿佛置身于武侠世界，甚至有一种穿越的感觉；药师精舍、靖哥居、蓉儿茶庄，这些旅游景点更加吸引游客，带着游客领略金庸小说"情""缘""义"的真谛。

桃花峪景区位于桃花岛东海岸，是岛上自然生态环境最优美的地区之一，这里奇岩壁立、惟妙惟肖，山顶可以观海景、看日出日落。该景区主要景点有：桃花寨、东海神珠、弹指峰、神雕石、海龟巡岸、含羞观音。

弹指峰犹如拇指从掌中弹出，故得名。弹指峰前的石碑上刻写的是600多年前，元朝文学家吴莱到此游玩时，对弹指峰周围奇峰异岩美景的赞誉。当然，弹指峰也是《射雕英雄传》中黄药师练成绝技之地，来到这里自然也会让人们联想到武侠中的英雄气概。这里是"桃花女龙"旅游专线和"武侠文化"旅游专线的终点站。

东海神珠在龙珠滩海边，它是经过海浪长时期冲击，磨炼而成的一颗直径80厘米的石球，或许你认为这是人工制作，但是龙珠的确为自然形成。龙珠在龙喉里吞吐翻滚，发出隆隆回声，描绘出一幅美妙神奇的"金龙吐珠"图，被誉为"中华一绝"。

奇峰高耸、风景如画的安期峰景区

安期炼丹洞位于海拔482米处的安期峰上，相传安期生为躲避暴秦，

▼桃花岛

就是在此洞中隐居炼丹，并在此修炼得道，成为后人崇拜的圣人的。据说秦始皇及以后的各朝皇帝，都派钦差来此寻访安期生。元朝文学家吴莱秋游桃花山时也寻访过安期生，察看过炼丹洞遗迹，并有"空余炼药鼎，尚有樵人知"的诗句留存。

安期峰景区以峰、石为特色，寺、洞为主体。在这里峰、石、寺、洞都是舟山独一无二的，同时，该景区具有山青、水曲、石趣、峰奇、境幽、气爽的特点，来此观赏之人，观完景色之后，皆心旷神怡。

其中，这里的寺庙最引人注意的要数圣岩寺，它始建于清同治四年（1865年）。圣岩寺原建于安期炼丹洞内，现洞内仍保留着清光绪二十七年（1841年）造的石佛龛一张。1986年从炼丹洞分离另建，成了现在的圣岩寺。它的建筑风格也具有特色，依山势精心构筑，共分三层，分别是安期桥、放生池和寺院，每层都有独特之处，值得细细观赏。圣岩寺是舟山千岛中海拔最高的寺院，故有"千岛第一寺"之称。

别有洞天是一个天然石穴，石穴高3米，宽4米，有两洞口相通，石上写有"别有洞天"四个字。进入后洞穴后会发现，即便你轻声走路，脚步声依然很大。仔细观看，能发现其中有很多巨石相叠，形成洞外有洞、洞底有洞的奇景，故有人名其曰"别有洞天"，也可谓是名副其实。

钟亭位于约500米的高山之巅，为一座六角形钟亭，高6米有余，飞檐翘角，精雕细琢，做工之细，非一般亭子所能比，正面悬挂着书有"安期钟声"的横匾，两旁楹联"云山云水云涛云海天，仙人仙山仙洞仙境界"。所谓钟亭，亭子之内悬一口2500千克的大铜钟，悠悠钟声可传到方圆百里之外，形成"高山闻钟"自然景象。

『沙雕故乡』朱家尖

朱家尖是国家级风景名胜区，像一颗璀璨的明珠镶嵌在东海之滨，其旅游价值极高，是舟山群岛核心旅游区"普陀金三角"的重要组成部分，可以说来普陀旅游之人，来这里游玩才不枉此行。朱家尖是舟山群岛的第五大岛，岛屿面积72平方千米，面积大、景物多，因此游客之众也成自然现象。风景区在创建优秀景区的同时，也重视旅游文化的建设，已经成为中国华东地区最有活力的海滨旅游胜地之一。

朱家尖风光秀丽迷人，岛上金沙连绵，游客可以畅游沙滩。碧浪荡漾，奇石峻拔，洞礁错置，森林广布，潮音不绝，空气清新，真乃不可多得之地。海蚀地貌遍布岛东南海岸，千岩竞秀，石景多姿，鬼斧神工，惟妙惟肖；渔舟唱晚，海火荧涛，东沙涌日，气象万千；海鸥翔集，银鱼逐波，渔村风情与现代渔业景观兼而有之；林木清幽，空气清新，夏无酷暑，气候宜人，物产丰富，水产众多。现在已经开发出白山、漳州湾、十里金沙、大青山四大著名景区。

朱家尖最为著名的要数沙滩，绵亘岛际总长6300米的九人连环沙滩，好像一条黄金项链，镶嵌在青山碧海之间，犹如一条巨龙，盘亘在碧海周边。"十里金沙"总长约达6.3千米，面积1.44平方千米，绵延在海岛东北至东南海岸。朱家尖的沙滩平坦宽阔，沙质细腻柔纯，是制作沙雕作品的理想材料。从1999年起，在朱家尖已经成功举办了十多届中国舟山国际沙雕节，每次来参加的人多不胜数。

1999年金秋季节，由国际沙雕协会授权，首届中国舟山国际沙雕节在朱家尖南沙举行，开创了我国沙雕节的先河。这次国外的参赛代表队有来自英国、荷兰、丹麦、美国、加拿大、墨西哥、日本、新加坡等8个国家10支国外代表队，我国的上海油画雕塑院、中国美院、中央美院、上大美院、广州美院以及香港、澳门、舟山等11支国内代表队参加了比赛。沙雕艺术家和爱好者们以严谨的态度、巧妙的构思、熟练的手法，并以"和平与友谊"为主题，创作出21组栩栩如生、惹人喜爱的沙雕作品，第一次把沙雕的迷人风采和独特魅力展现在国人面前，引起了巨大的轰动。首届沙雕节期间，共迎来了近20万的国内外游客。

▲普陀岛

在2000年7月7日至8月15日，第二届中国舟山国际沙雕节又一次选择在朱家尖南沙举行，而这次的沙雕节与上一次的主题截然不同。这届沙雕节围绕的是"世纪奇观"这一主题，选手们要用7天时间雕成23座5~10米高的沙雕作品，来自不同国家的选手雕出不同文化底蕴的作品，这一座座荟萃各国文化奇迹的沙雕作品，在朱家尖南沙营造了一道沙雕艺术和海滨自然风光互相融合、互相辉映的奇特风景线，吸引了众多爱好者的参与。人们在惊叹艺术家们鬼斧神工的艺术手法之余，对沙雕这一国内新兴的艺术奇葩有了深层次的了解。

一年一度的沙雕节再一次举行，当第三届中国舟山国际沙雕节以崭新的面貌展现在人们眼前时，大家无不惊叹人类艺术的伟大。此次沙雕节由荷兰INAXI公司组织的34位国际一流沙雕专家在当地志愿者的紧密配合下，赋予了金沙以灵魂和栩栩如生的形象，也展现出人类的智慧。"欧洲文明起源"成为这届沙雕节的主题，并且以荷马史诗"奥德赛的故事"为主要内容，以沙雕的形式讲述了古希腊伊塔国王奥德赛的离奇经历。这届沙雕节与前两届沙雕节有所不同，它改变了前两届以单体作品比赛的方式，首次采用了群体组合的形式，在长150米、宽50米的沙滩上，围绕奥德赛故事的情节，创作了44座大小不一，单体与群体相结合的作品，气势宏伟，规模巨大，创下了亚洲沙雕的新纪录，同时也给人们留下了极其深刻的印象。

在这几届沙滩节中，应该引起注意的还有在2003年举办的第五届中国舟山国际沙雕节。此届沙雕节首次采用比赛与展示相结合、集中与散点式相结合等形式，并第一次由国内沙雕手完成主题沙雕的创作。其中，大型组合沙雕集中展示区域长300米，宽50米，主题附属区域长150米，总用沙量达2万立方米，最高处为13米，再次创下了亚洲沙雕作品规模新纪录。

以"至爱永恒"为主题的第六届中国舟山国际沙雕节，以"爱漫人间""华夏恋曲"和"西方情缘"为分主题。每组作品由若干个单体组成，或分散或连接，通过"爱"的内在脉络有机结合，营造出了一个"爱的大观园"。本届沙雕节的沙雕展区长达250米，宽55米，用沙量达2万多立方米，规模空前之大，创历届之最。沙雕展区的现场布局呈花园式分布，整个游览线路曲径通幽，按园林式设计。本届沙雕节在沙雕作品上首次实施人工造雾、造水，使人物、楼台、山景等形象更加逼真。

首届中国舟山国际沙雕节开创了我国沙雕艺术和沙雕旅游活动的先河，也让朱家尖瞬间响彻世界，朱家尖成为国内沙雕艺术的发源地。海洋文化和沙雕艺术的完美结合吸引了国内外无数的游客，因此每年的舟山国际沙雕节已成为中国滨海旅游节庆的成功典范。自举办沙雕节以来，每年都有数十万游客前去朱家尖观摩沙雕作品、品味沙雕文化、领略海岛风情。每一届沙雕节都以新构思、新举措，实现了办节形式、规模、内容上的创新和发展，而每一届沙雕节都有着一个独特的主题。舟山国际沙雕节使"以节促旅、以旅活市"的效应得到充分体现，确立了其在国内的领先地位，吸引了国内新闻界、旅游界和国际沙雕界的广泛关注，同时，也对当地的经济发展起到了很大的促进作用。

『渔夫乐园』六横岛

六横岛由佛渡岛、悬山岛、砚瓦岛等105个岛屿组成，众岛形成连绵的景观群。全岛陆地面积可达121平方千米，是舟山群岛的第三大岛。岛上山峦起伏，依次有6座山体横亘其间，或许六横之名就是由此而来。

六横作为海岛城镇，港口资源丰富，可利用价值很大。由于全岛海岸线很长，并且水深很适合船只的停泊，且腹地配套的岸线就有36.3千米，深水海域达40多平方千米，这些都形成了建设港口的有利条件。其中值得一提的是双屿港，其港阔、水深、潮缓，港岸线长可达7.6千米，水深10~50米，可建30万吨级深水港；而另一个港口，也就是台门港，全长10千米，水深5~20米，可使用海域面积20平方千米，是国家一级渔港，也是渔船避风、锚泊、补给的良港，港畔陆域纵深辽阔，而且具有多种开发优势。

六横岛之所以能成为旅游的好去处，是因为它具有山川秀美、空气清新、物产丰富、市场繁荣、民风淳朴、气候湿润、文化底蕴深厚等特点，更是喜欢钓鱼之人的天堂。

黄荆寺

黄荆寺坐落在六横岛龙山与峧头交界的七峰山黄荆岙上，因山上黄荆树丛生而得名。为现今岛上规模最大、佛事兴旺的一个寺院，这也成为它吸引游人的重要因素之一。寺院被翠绿的七峰山所环抱，宛如七星拱月，当地山清水秀，景观如画，堪称海岛洞天福地，游览胜境。

据相关资料记载，黄荆寺始建于明朝万历十六年（1588年），至今已有400多年的历史，历史文化浓郁。到1924年，寺院已经达到12间，建筑面积500余平方米。在民国初年，大雄宝殿及厢房6间因失火被毁灭，后募资重建。1942年，寺院遭到日寇焚烧，仅留下后大殿3间佛殿和左侧一幢厢房，后来经过众僧努力，才重建了3间寺院，此后又扩建了9间，这才修复如初。1978年，月乘大师重振佛门，筹募资金在原地重建殿房，供释迦牟尼佛像。后来又经过25年的整理修建才形成现在的规模，可见其发展扩大过程并非一帆风顺。

▼普陀圣地

现今黄荆寺寺中心坐落着上殿，前殿为弥勒殿，供座弥勒佛，背面为韦驮坐像。中殿为大雄宝殿，莲席端坐着释迦牟尼佛祖和阿弥陀三世尊大佛，左右为2.6米高的杨枝观音以及1.3米高的善财、龙女，殿两侧是1.15米高的十八尊罗汉坐像，殿后壁为2.2米高的骑狮子白象的文殊、普贤菩萨。后殿是圆通宝殿，也就是人们称谓的观音阁，中央的位置为1.5米高的观世音坐像和韦驮立像、弥勒坐像。大雄宝殿楹联为"名刹踞七峰度众生永离生死海，慈航发六横济有情同登涅槃岸"。

1993年8月，黄荆寺经普陀区人民政府批准为开放寺院，在之前的一段时间不曾对游客开放。黄荆寺不仅是一个佛教圣地，而且山上环境幽雅，冬暖夏凉，树木繁茂，果实飘香，可供游人小憩，是一个旅游避暑的宝地。

龙头跳

龙头跳位于六横岛六横镇，此区域内假日海滩遍布，这里的海滩每年都会吸引众多游客。龙头跳的沙滩平如镜，滩前碧波荡漾，滩后森林密布，合抱粗壮的古木到处都是，遮天蔽日，清爽无比。此沙滩最显著的特点也是最吸引人之处在于沙滩边上的山上有参天古树群，树种是具有舟山地方特色的黄连木、沙朴树，共有数百棵之多。或许因为树木年代已久，大的胸径在1米以上，最高可达30米，每株树的树冠能遮阴几十平方米。这种古树林与海洋、沙滩连成一体的景色，国内少见，所以有较高的旅游开发价值。

龙头跳旅游区以它淳朴秀丽的海岛风光惹人流连忘返，金沙、古木、碧海、蓝天这些风景融为一体。海滩上金沙连绵不断，犹如一条金黄的绸缎，处处充溢着温暖的感觉，同时给人一种舒适之感。游客可以尽情光着脚丫，踏在绵软的沙子上，迎着带有咸腥味的海风，享受此时此景的美妙之感，也可谓是人生的一大乐事。潮退之后，游客还可以在宽阔的泥沙滩上开展海滩拾贝、堆沙景等带有野趣的娱乐休闲活动。海滩后的树林里古木参天，像一顶顶撑开的绿绒大伞，遮天蔽日，舒服至极。树林中设有秋千、吊床、石凳、石桌等，可供游人小憩。

龙头跳假日海滩可分为两部分，海滨浴场以及起防浪堤作用的沙山。沙山上保存完好的古树木是舟山群岛中保存最完整的古树木群，而且这种生长在金沙群上的古树木群在全国更是少见，这些古树有着二三百年的树龄，也具有很高的观赏价值。这里的树种不一，有沙朴树、黄连木、黄檀树等。树林中修有一条木板路，周围点缀着星星点点的野百合、水仙花及各种不知名的花儿，在树林中散步的时候，你会体味到来自大自然的芳香。据说古时候在丛林中有一潭清水，在那清澈见底的水潭中有一条青龙在修炼。每当岛上遭遇旱灾，青龙便降雨救民，当地百姓为了纪念小青龙，就把附近的村子取名龙头跳，这就是"龙头跳"名称的由来。直到现今，这里每逢农历六月初三就有祭祀龙神的典礼，可见青龙在老百姓心目中的地位。

『东湾极地』东极岛

东极有着十分独特的地理位置，拥有大小岛屿28个和108个岩礁。岛外12海里就是公海。从地理位置上可以看出，东极不仅有浓厚、古朴的渔家特色，更有那美不胜收的风光。它几乎包揽了真正意义上的阳光、海滩、岛礁、海味，因此，此地的美景自然不会被游人所放弃。更何况此地气候宜人，水质清澈，是少有的纯洁之地。由于每年春、夏，岛顶上云雾飘绕，而海岸边却是阳光普照，蔚为奇观，所以这里又被称为"云雾岛"。

东极岛夏季无闷热酷暑之感，冬季无严寒涩风之日，秋季较温和，春季又很凉爽。四季气候温和冷暖少变，阳光充足，降水集中。在相似或相同的纬度下，海岛的气温远较内地温和少变；因为当地盛夏季节比内地凉爽，严冬季节又较内地温暖，因此，这种气候吸引了很多人来此度假；极端最高气温比内地低；极端最低气温又比内地高。在相似纬度下的海岛与内陆城市的气温，有着明显的差异，所以岛被称为"风的故乡、雨的温床、雾的王国、浪的摇篮"。如此美景使得东极成为绝佳的休闲、度假、避暑的旅游观光胜地，同时，当地的旅游业也带动了当地经济的发展。

东极岛四周环海、海水清澈、空气清新、气温适宜，周围的环境必然也会影响到东极岛的自然生态。

▲东极岛

各岛均有奇峰怪石，别具特色的岩洞可供人游赏，海上垂钓、品尝海鲜等能增添游兴。东极岛可谓是普陀地区的一颗明珠，具有优越独特的地理位置，美不胜收的极地风光，蕴藏着丰富的岛礁资源，古朴浓郁的渔家文化。现有东福山的"世纪第一缕曙光照射点""雾露洞""象鼻峰"，庙子湖的"头颈鸟""海疆卫士门"，叶子山的"棋盘石"，放火山的"菩萨穿笼裤"，西福山的"卧女峰"，两兄弟的"国界碑"等景点有待开发。

东极岛的水，清澈至极，蓝中发绿，在我们近海岸是难得一见的。海水在平静时如一面镜子，咆哮时海浪拍岸，能够溅起20多米高的浪花，浪花晶莹剔透，像是珍珠一样，令人叹为观止，给人以视觉的享受。每到夜晚，海水波光粼粼，若有小船驶过，船尾会拖着长长的光带，将小船的影子拉得很长很长。此时，渔民从水上浮出，满身亮晶晶的，非常漂亮，当地称其为"水星"。东极又有"风的故乡"的美誉，在这里夏天根本体会不到炎热，很少有超过30℃的日子。冬天也没有严寒的侵扰，也很少有结冰的时候，海洋性气候使得东极冬暖夏凉，而这种气候更成为人们喜爱这里的主要原因之一。特别是夏天，每到晚上7点以后阵阵凉意袭来。风向也规律性地转向，分南风、北风，形成天然的避风港口。微微海风中夹杂着淡淡的海水的咸腥味，十分惬意。

登上岛顶则是另一番景象，极目远眺，海天一色，令人心旷神怡，云雾中船好像在天上航行，仿佛进入了仙境一般，故此总是给人以莫名的惊诧之感。早起时还能看到第一缕曙光从海上跳跃着出来，满眼金色。如果你愿意乘驾着小船环绕小岛，东极石景更是美不胜收，每一块岛礁、每一个角度都是独特的美景，大自然鬼斧神工，把东极岛雕刻得千姿百态，令人浮想联翩。游人们会发现此时此地的所有景物都是美不可言，并由此留下像望夫崖、白云洞、象鼻峰、东福石、海上卧佛、水湾洞等美丽的传说，一个个美丽的传说更增加了游玩的价值。东极还是海鲜出产的聚居地，一年四季海鲜不断。稀奇古怪的鱼类、贝类，让人食欲大开，来此旅游更能够让你尽享美味佳肴。特别是春秋两季，小丘似的海鲜任意摊放在岸边，游客只需花上很少的钱便能挑到自己喜欢吃的海鲜，一饱口福。

东极岛百姓居住的房屋依山而建，取材于东极的石头，层层叠叠，蔚为壮观，看去很像布达拉宫，"海上布达拉宫"因此而得名。很多游客来此居住都是想要体味一下当地的风土民情。房屋的建筑虽称不上技术精湛，但坚固实用，更具地方特点。这是东极人民的一笔宝贵财富，也是东极人民智慧的结晶，城市里的人们见到这样的建筑更是欣喜。

东极岛还有许多美丽动人的传说故事，据说秦朝徐福率三千童男童女下东海为秦始皇求长生不老之药，驻足地便是东福山。东极岛的美景当然也吸引了从古至今的文人墨客，他们为东极岛留下了许多传世佳句，更为东极岛积淀了浓厚的文化底蕴。其中来过东极岛的人都会听到"青浜庙子湖，菩萨穿笼裤"这句民谣，其实这是东极百姓为了纪念第一个登上岛的福建渔民陈财伯而传唱下来的。陈财伯在许多年前打鱼到东极附近遭遇海难，孤身登岛，顽强生存了许久。每到恶劣天气他总是举起火把站在山顶为渔民兄弟导航，直到他去世，手上还握着火把。后来渔民将他的伟大事迹附以神话，尊称他为菩萨。过去福建渔民多穿笼裤，所以人民称陈财伯为穿着笼裤的菩萨。东极人民为了纪念他为他建造了一尊巨大的雕像。

『活水码头』沈家门渔港

位于舟山本岛东南侧的沈家门渔港，有着得天独厚的自然环境和地理优势，其正对着东海，背靠青龙、白虎两座高山，从而形成了一条长约5千米，宽约250米的天然避风良港，这自然而然成为中国最大的天然渔港，它与挪威的卑尔根港、秘鲁的卡亚俄港并称为世界三大渔港，在世界上享有盛誉。

沈家门是我国最大的群众渔港，这个渔港迄今为止还发挥着很重要的作用。它地处舟山渔场中心，长约11.4千米，面积10平方千米。每年的渔讯时节，华东沿海各省渔船云集于沈家门港湾，桅樯林立，历来为渔船避风、鱼货集散和生产、生活资料主要补给地。当地的海洋捕捞、水产养殖、海洋文化等在全国的地位是举足轻重的，更是吸引外地游客的关键因素之

▲沈家门渔港夜景

一。沈家门的景色也十分优美，一望无垠的大海，波光粼粼的港口，森林般的桅杆，粗犷的渔民，银光闪耀的鱼儿活蹦乱跳……这种在海边人看来十分平常的情景，却蕴含着丰富的海洋文化和渔区民俗风情，现代都市人在繁忙紧张的生活之余很想亲眼看一看、亲身经历一番这样的渔家生活。

据史料记载，沈家门渔港的历史可以追溯到北宋宣和年间，至今已有880多年的历史，也可以称作是一个历史悠久的渔港，看来古代人们也发现了沈家门的独特地理环境。因为沈家门"四山环抱，对开两门，其势连亘"为一天然良港，又有"渔人谯客丛居十数家"，北宋时就成为渔民及海内外渔民的最佳避风港。作为最佳的避风港，人们自然会利用这个渔港的优势，发展当地的经济。沈家门还是我国东南沿海通往日本、朝鲜等的必经之地，是古代"东亚海上丝绸之路"的中转站，也是来往使臣祭山祭海的海疆要地，因此，它的重要地位是无法被取代的。唐宋以来，凡经过沈家门渔港的海外船队，都要"遵旧制"，在这里进行隆重的祭祀活动，以此来表示对沈家门的尊重。沈家门早在清朝中期便形成了热闹的街市，曾有"市肆骈列，海物错杂，贩客麋至"的记载，素有"小上海""活水码头"之美誉。这里常年万船穿梭。每逢渔汛，沿海十几个省市的几十万渔民云集港内，桅樯林立，鱼山虾海，形成了一道独特的海岛渔港景观。入夜，渔灯齐放，繁星如织，美不胜收。

沈家门常年汇集着各地的鲜活鱼、蟹、虾、贝等海水产品，一年四季海鲜不断，所以说游客不会担心自己来的季节不对，失去品尝海鲜的机会。在沈家门每到夜幕降临，沿港十里海鲜排档摊点，来自各地的品鲜商客数不胜数。"尝海鲜、观海景、采海货"成为沈家门渔港的又一特色旅游项目。沈家门建成全天候的特色餐饮长廊，满足了游客们对海鲜的渴望。建筑风格以20世纪30年代的沈家门渔港建筑为主，创造沈家门特色城区风貌，再加上当地优越的自然环境，更是吸引了不少游人慕名而来。夜晚，流传已久的鱼灯、龙灯、马灯，把"海鲜排档"打扮得五彩缤纷，人们赏鱼灯，吃海鲜，猜灯谜，别有一番情趣。还可以坐在渔港海鲜排档内边吃海鲜，边观看或参与各种渔家的传统民间文化活动。还可根据季节和渔汛的变化，安排不同的节目内容，游客在不同的季节可以欣赏到不同的节目，让"渔港海鲜排档"始终保持浓郁的舟山乡土风情特色和强大的吸引力。用海岛独特文化融入排档餐饮，使游人在轻松、悠闲之间领略海岛的风俗民情，感受海洋文化。

沈家门另外一个特色就要数船文化园了，而船文化涉及造船技术、航海技术、渔村风情、宗教信仰等相关因素。同时，也涉及人类的技术进步，海洋资源变迁等人文因素，是最能体现舟山海洋历史文化的载体。当地利用岛东的船厂建设船模馆，展示从独木成舟到钢质渔船，从古老的天文星空定向、木质罗盘导航，到卫星全球定位系统的使用，从完全凭借自然力量航行于大海的帆船到拥有机器作动力的现代巨轮的演变过程，可以让旅游者从中看到中国沿海岸线上的所有渔船缩影。沿港岸边利用旧船改造成五六只固定的仿真船，内配茶座，可供市民在水上休闲、品茶。

在沈家门，滨水游廊也是一个不错的去处，在这里游客也是络绎不绝。在港岸边延伸出的亲水平台，设置了堆石水景，通过自由落水和压力水营造各种水景，不管是在白天还是在晚上，都施放出了不同的美丽景观，让海水形成线落、布落、挂落、层落等瀑布景观，水石结合，船到水落，船走水止。

四海尊崇的观音道场

　　普陀山，是中国四大佛教名山中唯一坐落在海上的佛教圣地，秀丽的自然景观与悠久的佛教文化融会在一起，从而成为名扬中外的"海天佛国"。巍峨庄严的普济禅寺（前寺）、法雨禅寺（后寺）、慧济禅寺三大寺，是我国明末清初建筑群的典型。元代古建筑多宝塔、明万历年间雕刻的杨枝观音碑、清初从南京拆迁来的明故宫九龙殿内的九龙藻井，是观音道场的"镇山三宝"，近年兴建青石浮雕"五百罗汉塔"、33米高的"南海观音"露天铜像、纯紫铜铸成的正法讲寺"铜大殿"，新近修复的紫竹林禅院、西方庵、祥慧庵等古刹梵宇，又为佛国增添了新的风采和魅力。

震旦第一佛国

普陀山是全国著名的观音道场，其宗教活动可溯于秦。随着时间的推移，佛教文化在当地并没有减弱，原始道教及仙人炼丹遗迹随处可觅。唐咸通四年（876年），有一位日本僧人慧锷大师从五台山请观音像乘船归国，不料舟行至莲花洋遭遇风浪，数番前行但是都没有如愿，遂后认为是观音不肯东渡他国，于是决定将观音像留在潮音洞侧供奉，故称"不肯去观音"。后经历代兴建，寺院林立，历史上称为"震旦第一佛国"。

普陀山的佛教历史悠久，作为观音道场初创于唐代。在唐朝大中年间（847~860年），有梵僧（又说西域僧）来普陀山礼佛，传说僧人在潮音洞目睹观音示现。宋元两代，普陀山佛教发展很快，这与当时的统治者的政策与信仰是分不开的。在宋朝的时候，赵匡胤曾经派他的内侍（太监）王贵来山进香，并赐锦幡首开朝廷降香普陀之始。到了元丰三年（1080年），朝廷赐银建宝陀观音寺（即今前寺）。当时，日韩等国来华经商、朝贡者，也开始慕名登山礼佛，普陀山渐有名气。嘉定七年（1214年），朝廷赐钱万锣修缮圆通殿，并指定普陀山为专供观音的道场，与五台山（文殊道场）、峨眉山（普贤道场）、九华山（地藏道场）合称为我国四大佛教名山。每逢农历二月十九、六月十九、九月十九观音菩萨诞辰、出家、得道三大香会期，全山人山人海，寺院香烟缭绕，一派海天佛国景象。

可以说佛教文化充斥着普陀山，如果没有佛教文化的发展，那么普陀山的旅游文化也会大大减半。说到观世音菩萨的名字翻译，也分为很多种，不同的地区与国家可能有不同的名称，比如在梵文佛经中称为"阿缚卢枳帝湿伐逻"，在竺法护译为"光世音"，鸠摩罗什的旧译为"观世音"，玄奘的新译为"观自在"，中国通用的则为鸠摩罗什的旧译。我们也经常会听到说"观音"二字的，这种称谓来自于唐朝，在当时因避唐太宗李世民的讳，略去"世"字，简称观音。但照梵文原意，尚可译作"观世自在""观世音自在""窥音""现音声""圣观音"等。观音菩萨与文殊菩萨、普贤菩萨、地藏菩萨一起，被称为四大菩萨。观音菩萨在佛教诸菩萨中，位居各大菩萨之首，是我国百姓最崇奉的菩萨，拥有的信徒最多，影响最大。菩萨端庄慈祥，手持净瓶杨柳，具有无量的智慧和神通，大慈大悲，普救人间疾苦。她是大乘佛教慈悲救世精神的最深刻诠释。通过这一深刻的了解，可以看出人们对美好生活的向往。菩萨有三十二应，佛，天人，罗汉，男、女、童子，官员，居士等身相，众生应该以什么样的身份来求得救度，菩萨则会用相应的身份来说，随缘救度。菩萨为无极之体，当然就没有无皮

▲普陀一景

囊色身和男女之相的执著了。古印度佛教中，观世音菩萨既有现男相也有现女相。到中国南宋以后，女性的观音菩萨相已深植中国百姓心中。"家家弥陀佛、户户观世音。"慈悲即观音，在中国妇孺皆知。观世音菩萨的形象在中国人的心中已经根深蒂固，观世音菩萨象征泛在的真理，无形而无所不在，在国际上有"人类的仁慈保护者"之称。菩萨行无缘大慈，运同体大悲，大慈与人乐，大悲拔人苦，在智、悲、行、愿之中，观音菩萨在娑婆人间救苦救难的品格，使其成为慈悲的化身。"天有不测风云，人有旦夕祸福"，在自然界的灾变与人间社会祸难不可能消除的情况下，观世音菩萨就是一些人们心中永远的信仰希冀。菩萨的应化道场，到处都有记载。例如，陕西的南五台山、大香山，浙江天竺山、南海普陀山，尤其是位于浙江舟山群岛的普陀山，世称观世音菩萨道场，其名载于《华严经》。历代皇帝屡屡敕建，举世钦崇，各国景仰。

观音菩萨的三十二应

佛经上曾说观音大士喜周游法界，常常会以各种方式度化众生，众生应该以什么方式度化，菩萨即化现成什么样子去说法，随缘救度，这就是人们说的菩萨三十二应。菩萨是无极之体，早已经超三界之外，因此才会变化成三十二应，以不同身份来教化人们，救度众生。

杨柳观音：杨柳观音又称圣观音，是观音菩萨三十二应化身之一，也是观音菩萨第一次显化之身。相传古中州地区民风败坏，致使天怒人怨，旱灾严重。观音菩萨知道后，便前来点化民众，显现真身，并从玉净瓶中取出杨柳枝，醮着甘露洒向四野，顿时天降大雨，解除旱情。众生如做错了什么事，只要诚心改过，就会得到菩萨的原谅与仁爱。

龙头观音：龙头观音是观音菩萨三十二应化身之一。相传在浩瀚的东海，有一种龙头怪物经常危害人间，人们的生活受到了怪兽的威胁。观音菩萨知道后，便开始大发慈悲之心，决定为民除害，便来到东海将怪物降伏，并跃上龙头怪物的背上现出宝相。从此当地的人们过上了太平日子。百姓为了表示对观音菩萨的膜拜，便塑了一尊脚踏龙头怪物的观音菩萨像供奉起来，希望观音菩萨法力无边，乐于为民除害，保佑众生安居乐业。

持经观音：持经观音又称读经观音，也是观音菩

▲观音菩萨

萨三十二应化身之一。相传唐朝末年，天下大乱，百姓颠沛流离。在浙江临安有个叫钱镠的人便招集乡勇，保卫家乡，但他怕背上"犯上作乱"的罪名而不敢起兵。观音菩萨便托梦指点钱镠，并要他二十年后到天竺山接受点化。钱镠依言起兵，并建立了吴越国。他如约来到天竺山，却只见到一个坐在石上念经的僧人，钱镠知道缘由后，便在那里建了一座看经庵，内奉一尊观音持经塑像。表示只要众生心怀天下，就能成就天下大事，只要众生多积功德，观音菩萨就会保佑众生心想事成。

圆光观音：圆光观音是观音菩萨三十二应化身之一。相传闽南有一山村，生活在那里的人们以打猎为生，但是山中有一只怪兽经常趁人们进山打猎时到村子里伤害小孩。观音菩萨知道后，便化身成一个小孩来到村口，等怪兽进村伤人时，现出身后烈焰闪烁的宝相，将怪兽降伏，表示众生只要临危不乱，树立必胜信念，观音菩萨就会保佑众生解除灾难。

游戏观音：游戏观音又称三面观音，是观音菩萨三十二应化身之一。相传观音菩萨云游到洛阳城内，取出一面宝镜，声称只要人们拿出三文钱，就可以从镜中照见自己的过去与来生。等到人们一一照过惊疑不定的时候，观音菩萨现出宝相，但人们看到菩萨的相貌却是有嗔有怒有喜，大不一样。于是，人们便用菩萨没有拿走的钱塑了一座三面观音像供奉起来。表示观音菩萨告诫众生不要以为作了恶没人知道，要多做善事，所谓恶有恶报，善有善报，没有人逃得了因果报应。

白衣观音：白衣观音又称白衣大士，是观音菩萨三十二应化身之一。相传在历史上中原兵乱，无辜百姓死伤无数，到处都是孤魂野鬼，不得安宁。观音菩萨在鬼节的那天来到中原，现出一袭白衣的宝相，超度冤魂，从而让世间得到了安宁。这种宝相表示观音菩萨怀有纯净的菩提之心，接引众生往生西方极乐世界。

卧莲观音：卧莲观音是观音菩萨三十二应化身之一。相传在古时候有几个盗贼偷光了多宝观音像上的宝物，于是便将塑像扔进了长江之中。金陵有个叫潘和的商人一心向佛，只求生个儿子，得到观音菩萨点化的他来到江边捞起了菩萨的法像，并将一块石荷叶雕成莲花宝座，但由于观音法相已受到损伤无法直立，只好侧卧在莲叶之上。因为他的善心与一心向佛，在一年后，潘夫人如愿生下一个男孩。此相表示观音菩萨对有心向佛的众生有求必应，求财者得财，求子者得子。

垅见观音：垅见观音是观音菩萨三十二应化身之一。传说杭州有个叫胡家庄的地方，有个农夫在耕地时挖出了一尊碧琉璃观音像，便送到寺庙供奉起来，从此那里便风调雨顺，人畜平安。表示观音菩萨关注众生的苦难，保佑众生五谷丰登，人畜安康。

施药观音：施药观音又称施乐观音，是观音菩萨三十二应化身之一。相传山东登州府瘟疫盛行，许多病人不治身亡。观音菩萨化身卖药的老翁前来救治，用了两三个月的时间才把瘟疫根除。表示观音菩萨无时不惦念着世间疾苦，解救众生于病痛之中。

鱼篮观音：鱼篮，听起来似乎有点陌生，但是如果说鱼篮为马郎妇观音，那么你可能会联想到一个比较生动的故事。相传古时陕西地区民风十分的不好，不知道有三宝。在元和十二年（817年）忽有一孤身美女提篮卖鱼，此女子长得十分漂亮，人皆竞欲娶之。女子却说："如果有一个人晚上能诵《普门品》，可归，早晨有廿余能诵彻。"女子再授《金刚般若》，到早晨就能背诵的人可能有十个人，继续再授《法华经》全帙，给他们三天期限，结果独有马氏的儿子能做到。马郎迎娶这个女子之后，女子就生病了，没过多久便死了，并且身体烂坏。瘗埋后没多久，一个穿着紫衣的老僧人来到埋葬女孩儿的地方，命令他开启棺材，发现里面唯一可见的是一个黄金锁子骨。老僧说此为观音大士，悯汝悲障重，垂方便示化。此后陕西地方诵经者越来越多。宋黄庭坚《观音赞》说："设欲真见观世音，金沙滩头马郎妇。"以此来表示众生做任何事都要有信心，只要树立坚定的信心，就能得到观音菩萨的帮助，同时也能影响周围的人们。

德王观音：德王观音是观音菩萨三十二应化身之一，是观音化身中的梵王身，其象征着福与禄。表示观音菩萨乐于满足众生的愿望，保佑众生福禄双全。

水月观音：水月观音是观音菩萨三十二应化身之一。此应也有着相关的传说，相传观音菩萨在杭州城内的河中显现宝相的时候，恰巧有一个叫丘子靖的画家也在河边观看。他为了让世人共瞻菩萨宝相，便将观音菩萨在水月中显现的宝相画了出来。后来，不少百姓纷纷前来求画，并将其供奉在家中。此相所表达的是众生只要心中有佛，观音菩萨就会在众生的身边永保众生的平安。

一叶观音：一叶观音又称童子拜观音，是观音菩萨三十二应化身之一。相传有个叫贾一峰的商人得到菩萨的点化后，便到各地朝礼名山，他因感念菩萨的点化之恩，每到一处便会雕刻一尊他曾经看见过的观音法相。他雕刻最多的便是一叶观音，表示观音菩萨为普济众生，不辞劳苦。

青颈观音：青颈观音又称青头观音，是观音菩萨三十二应化身之一。相传古时候有一个商人梦见一位一首三面的青颈菩萨对他说了四句偈语：逢桥莫停舟，逢油即抹头。斗谷三升米，青蝇捧笔头。贾一峰按菩萨的指点平安地回到家后，在头顶抹上香油并与妻子一起睡觉，晚上前来杀他的康七因闻到香油而误杀了自己的情妇贾妻。官府怀疑贾一峰杀了妻子，要将他打入死牢，就在县令落笔时，一群青蝇飞来抱住笔头。县令问明缘由后，最终找到了真凶，为他洗清了冤屈。此相表示观音菩萨保佑众生逢凶化吉，遇险化夷的精神。

威德观音：威德观音是观音菩萨三十二应化身之

一，是观音化身中的天大将军身，表示的是观音菩萨保佑众生度过眼前的一切障碍和危难，从而走上平安的坦途。

延命观音：延命观音是观音菩萨三十二应化身之一。相传太仓有许多小孩患了瘀疫，很多小孩儿都被这种病夺走了生命，当观音菩萨知道有一种赤柽柳可以治病时，便化成一位老翁前来送药治病。当地人们为感谢菩萨的恩德，便塑了一尊手持赤柽柳的观音宝相供奉起来。表示观音菩萨乐于帮助众生消除灾难，保佑众生延年益寿。

众宝观音：众宝观音是观音菩萨三十二应化身之一。相传江北百姓凶残贪财，观音菩萨得知此事之后，便化身一个带着许多财宝的和尚前来点化。一伙贪婪的歹徒见到后，便把财物抢劫一空，没想到财宝拿回家后全都化为灰烬。通过此相想要表达的是贫富自有天命，很多事情是不可强求的。如果是正当的愿望，观音菩萨都会让众生得到满足，而如果是通过邪恶的途径想要达到某种愿望，那么菩萨会点化对方。

岩户观音：岩户观音是观音菩萨三十二应化身之一。古时候有个叫吴璋的孝子，他的母亲得了一种怪病，很难治愈，他为了寻找良药历尽千辛万苦。有一次，吴璋在途中被毒蛇咬伤，生命垂危，观音菩萨念其纯孝，便现出大慈宝相，将吴璋救醒，最终让他们母子团聚。这表示观音菩萨保佑众生免受蛇蝎等毒物的侵害。

能静观音：能静观音是观音菩萨三十二应化身之一，象征静慧如海，不为烦扰所动。表示观音菩萨保佑众生度过世间的烦扰，求得内心的永远安宁。

阿耨观音：阿耨观音是观音菩萨三十二应化身之一。据传观音菩萨来到南海普陀山面海静修时，常常从海水中见到世间的疾苦和罪恶。于是菩萨便大发慈悲之心，决定到世间点化有缘之人。表示观音菩萨洞察世间一切，想要解救众生让人们脱离苦难。

阿摩提观音：阿摩提观音又称狮子无畏观音，是观音菩萨三十二应化身之一。相传观音菩萨云游到河南登封县时，恰好碰上李全的军队在攻打少林寺。为使佛门净地免受兵祸，观音菩萨便在山顶现出提棒骑狮的宝相，帮助少林寺僧杀退敌兵。后来，少林寺内便供奉一尊手提宝棒怒目嗔容的观音塑像。表示观音菩萨匡扶正义，惩治邪恶。所谓邪不压正，只要正气凛然，就能无畏无敌。

叶衣观音：叶衣观音是观音菩萨三十二应化身之一。相传观音身披一件八万四千功德衣，把众生所做的每一件善事都记录下来，同时也是为了鼓励人们多做善事。此相表明的是观音菩萨无时不关注众生所做的一切，行善积德的众生最终都会得到好的报应。

琉璃观音：琉璃观音又称岙来观音，是观音菩萨三十二应化身之一。古时候有一个一峰和尚，他一心求佛，最终得到观音菩萨点化

▲观音菩萨头像

后，便决定云游四海，并向世人宣扬佛法。有一次，他来到东海之滨，正想找一块奇石雕刻观音宝相，却见海浪之间漂来一尊琉璃观音像，他便捞起来送到附近的寺庙中供奉起来，表示心诚则灵。只要心诚，观音菩萨就会帮助众生实现自己的心愿。

多罗观音：多罗观音又称多眼观音，是观音菩萨三十二应化身之一。象征的是观音菩萨能够观照世间的一切，无所不能察觉。表示观音菩萨知晓世间的一切善恶，并对众生惩恶扬善。

蛤蜊观音：蛤蜊观音是观音菩萨三十二应化身之一。相传唐文宗爱吃蛤蜊，地方官吏便借进贡蛤蜊为由而祸害沿海的渔民。观音菩萨得知此事之后，便决定隐身蛤蜊之中，当文宗见到蛤蜊内的观音宝相后，大惊之余，便下旨取消进贡蛤蜊。表示观音菩萨对众生怀有怜悯之心，乐于救苦和劝善。

六时观音：六时观音是观音菩萨三十二应化身之一。六时为佛教中的晨朝、日中、日没、初夜、中夜、后夜。表示观音菩萨在这六时之中格外挂念护佑众生，并普为施惠。

普悲观音：普悲观音又称普慈观音，是观音菩萨三十二应化身之一，是观音化身中的自在天身宝相。此相象征着三界的最高神祇。表示观音菩萨对众生怀着一视同仁的慈悲之心，保佑众生平安度世。

马郎妇观音：马郎观音为民间妇女形象，故事中观音菩萨化身为少女嫁给马郎。

合掌观音：合掌观音是观音菩萨三十二应化身之一。象征观音菩萨时刻心怀着众生的疾苦。展示的是观音菩萨乐于化解众生的一切苦难，实现众生的良好愿望。

一如观音：寓意不二为一，不异为如，是为一如，即真如之理。这就是表示观音菩萨观照众生的一切，对众生一视同仁的惩恶扬善。

不二观音：寓意八万四千法门，其中不二法门最高。体现的是观音菩萨道行精深，佛法无边，保佑众生消灾消难，福寿无边。

持莲观音：持莲观音是观音菩萨三十二应化身之一，是观音化身童男童女的一种显示宝相。展现的是观音菩萨慈悲为怀，引渡众生往生西方极乐世界，帮助人们求得自我解脱。

洒水观音：洒水观音又称滴水观音，是观音菩萨三十二应化身之一。相传姑苏地方有数十万百姓惨遭金兵杀害，观音菩萨便化身一位美丽少妇前来建台诵经超度，将甘露功法水遍洒四方，让亡灵往生乐土，并在河中显示宝相。于是姑苏人便在观音菩萨诵经的地方供奉一尊诵经洒水的观音法相。这种宝相体现的是观音菩萨乐于救赎众生，即解除生者的苦难，超度死者的亡灵。

普陀岛上的观音菩萨传说

在中国，几乎在每一座寺院或佛教信徒自家的佛龛中，都供奉着观世音菩萨。观世音菩萨作为外来神移植到中国，进而形成长盛不衰的观音信仰，应该说是一种特殊的文化现象，这种文化现象的形成自然与人们的心理是分不开的。尤其是在普陀岛上流传着许许多多关于观音菩萨的故事与传说，几乎每一个普陀人都能随口说出几段与观音大士有关的传说。这些故事和传说不仅体现了人们对观音大士的膜拜，更包含了人们对美好生活的向往。

观世音菩萨的身世

观音菩萨在中国家喻户晓，妇孺皆知。中国民众对他的崇信远在其他佛教神祇之上。时至今日，观音菩萨依然深受广大民众的虔信和膜拜，继续展示其神奇的魅力。中国民众接受印度的佛菩萨却又并不是全部照搬，而是改造为中国菩萨。中国佛教对观音的改造，突出地表现在编造观音菩萨的新的身世，关于观音的身世有许许多多的说法。

流传最广的应该是观音为妙善公主的说法，妙善大约生活于公元前6世纪，是妙庄王的第三个女儿。在她出生之时，五彩祥云环列王宫上空，幼年的时候她就彰显出与其他名门之后不同的优良品质，她不慕荣华，偏偏喜欢修仙访道，终日带领宫人诵经礼忏。妙庄王没有儿子，只有妙善三个姐妹，妙庄王本想让妙善招个驸马，传国给驸马。而妙善却决心出家修道，度己度人，不愿意成婚。妙庄王就命令妙善出家白雀寺，苦劳悔改。妙善在出家后，修道精进，竟感致天神帮助种菜挑水。妙庄王却认为妙善在修炼妖法，想要惑乱人心，就命人斩杀妙善。问斩之时，正好有龙神相助，才救走妙善，免过此劫。庄王听说这件事情之后又下令焚烧白雀寺，烧死了500僧尼。妙庄王杀女、焚寺，恶行累累，感染迦摩罗疾，巡遍全国的名医，但是三年仍然没有治好。有一天，有一位道人对妙庄王说香山有一位仙人，用其手眼入药，可以治好妙庄王的病。妙庄王决定前往香山求仙人施舍手眼，治好恶疾。妙庄王带领家眷、宫人前往香山拜谢仙人时，发现仙人竟是三年前被自己处斩的亲生女儿妙善。妙庄王大为感动，虔心忏悔，发誓愿随妙善修道。此时妙善显现千手千眼异像，原来妙善已得道成为千手千眼观音菩萨，妙善舍身救父的事迹也更是广为流传。

观音菩萨的形貌

观音本为至极之身，皮囊并无男女之说。但是关于观音的形貌确实很难有一个确定的说法。观音在不同国度自然有着不同的形貌描述，观音像有男相，英武伟岸，蓄有胡须；而女相则是清秀高雅，留有发髻。从观音的表情上来细说，有慈悲相，笑容可掬，

▲普陀观音道场

见于显教；也有愤怒相，横眉怒目，见于密宗。从其三十二应上来看，有
贵妇相，雍容华贵；有村妇相，朴实端庄。其实说到观音形貌，还不止这
些，据《楞严经》和《观世音菩萨普门品》介绍，观世音菩萨有很大的神
力，能变现佛身、菩萨身、罗汉身、天王身、大将军身、人王身、宰官
身、比丘身、比丘尼身、童男童女身、婆罗门身、男女居士身乃至天龙八
部、人非人等共三十二种或三十三种应身，随众生根性而予度化。可见观

世音菩萨本身无一定形象，只是随众生因缘示现有别。

　　佛教在刚刚传入我国的时候，观音菩萨的形象纯粹是伟丈夫相，中国早期观音造像，例如甘肃敦煌莫高窟的壁画和南北朝的木雕，观音都是以男子汉形象出现，嘴唇上还有两撇小胡子。以后随着观音信仰的深入发展，从南北朝开始逐渐被塑造为女性形象，特别是唐宋以后，观音完全变为女菩萨，而且是非常秀美妩媚的女菩萨。观音菩萨完全女性化，自然有其原因所在，而这种原因的存在自然而然与当时的社会思想是分不开的。事实上大乘佛教对男女性别的看法是："一切诸法无有定相，非男非女，一切女人亦复如是，虽现女身而非女也。"由此可见，世俗对男女性别有很大的歧见，但是观音菩萨神通无边，无处不在，大慈悲悯，全无分别，其救苦救难之三十二应身没有男女身之分。为了方便教化不同类型的有情，观音菩萨随机应变，应各有情的时代文化、风土人情和知识嗜好的种种习惯、因缘，而自在地示现不同的身相来救苦救难，其中既有男身亦有女相，而此男女相只是方便应化，实际上并无性别之分。

南海观音大铜像

　　几千年来，普陀山以"海山之胜，大士之灵"，吸引着成千上万的善男信女前来朝圣。对于佛教信众来说，有关观音显灵的故事往往是最令他们津津乐道的。据史书记载，普陀山上的观音菩萨或显现色身，或呈现幻相，种种灵异现象不胜枚举，而最早的传说是发生在繁盛的唐朝。而普陀山最具特征的地理标志——南海观音大铜像，也是缘起普陀山当年的老方丈妙善法师见到的一次观音显圣。

　　说到妙善方丈，就要追忆到1994年10月份，妙善方丈来到"观音跳"视察，路过现在的南海观音的这个地方，往西南面望去，突然间在空中看到一尊无比清净庄严的观世音菩萨，高入云端。当时妙善方丈惊呆了，但是旁边很多随从却没看见。他久久地在那边看，当观世音菩萨这种清净庄严慈悲的形象显现到他的面前的时候，他话都说不出来了，感动莫名了，木头人一样了，但是他心里很明白，就是不由自主地想出了一个事情，他说应该在这个地方，造一尊清净的菩萨让大家来分享，让大家来礼拜。

　　一年多以后，一座高33米，重70余吨，耗资4000多万的南海观音铜像建成，佛像顶现弥陀，左手托法轮，右手施无畏印。这尊观音铜像正是妙善方丈当时所见的那尊观音圣像。1997年10月30日，普陀山举行了隆重的佛像开光仪式，妙善老和尚将象征着菩提甘露的净水洒向信众，向天下所有人表示祝福。

南海观音铜像是当今世界上最大的观音铜立像。铜像前的礼佛广场，面积有1683平方米，可容纳将近一万人，广场上有一对花岗岩巨石，每块有7吨多重，像是睡狮初醒，保护着这一带。在传统文化中狮子有辟邪的作用，再加上狮子是名副其实的百兽之王，象征着威武和庄严。按照中国的传统习俗，一般是左雄右雌。这一点还可以从狮子所踩之物来辨别雌雄，雄狮爪下为球，象征着至高无上的权力；雌狮爪下踩着幼狮，象征着子孙绵延。广场上还有四尊金刚力士，用花岗岩镌刻，威武庄严，镇守着佛门。

沿着阶梯往上走，第二、三层为集散广场，正中一座四柱三门石牌坊，两旁一对7.7米高的花岗岩九龙石柱。右边愤然闭嘴的是哼将，为罗延金刚，左边的是哈将，为密执金刚，合称为哼哈二将。

站在广场上，可以看到右边是南天门，短姑道头，海岸牌坊，正山门和客运码头；向西望去，是西天一线和观音洞；左边是西方庵，紫竹林，潮音洞等景区。直目可远眺莲花洋，在洋面上来来往往的船只不断，层层白浪扑向岸边，那涛声就好像船只在礼佛广场诵经。

站在广场上，抬头瞻仰南海观音慈眼视众生的大悲妙相，尤其是在蓝天白云的衬托下，观音好像轻轻地移着莲步款款走来，令人顿生膜拜之心。

观音大士头顶天冠，天冠上有阿弥陀佛像，表示能降服歪魔邪道，是观音正身像的标志。再来看她的双目，垂直向下看着，眉毛像两轮新月，左手持法轮，这里的法轮也是有一定的内涵的。她的右手施无畏印，无畏印表示佛能使众生心安，无所畏惧，佛有救济众生的大慈心愿。大佛身高

18米，总高33米，而佛像的尺寸大小也是有一定的讲究的，"33"在佛教中也是有特殊含义的，一种说法是说观音有32个化身，再加上一个正身像毗卢观音就是33；另一种说法是3、6、9在佛教中是表示吉祥的数字，3加3等于6，3乘以3则为9，所以要用"33"。佛像用亚金铜材制造，由96块铜壁板组成，壁板厚约6毫米，总重量70吨，大士面容含纯金6.5千克，96块壁板拼装成一尊大佛，可见其做工上的讲究，并且每块壁板用打磨抛光法将焊缝处磨得天衣无缝。精湛的工艺令人叫绝，文化价值和艺术品位极高。

▲铜镀金观音菩萨像

南海观音铜像的基座分为两层，底层为功德厅，里面有铜雕、木雕装饰。上层为五百罗汉堂，里面供奉500尊各式妙相的紫铜观音圣像，中间铜柱上雕刻着观音的三十二应化身，观音的三十二化身只有在普陀山才有的，这是作为观音道场的标志，在其他地方是没有供奉的。正中铜柱直径5.6米，直径上层通顶部接莲花座，其工艺为国内首创。铜柱上筑有20幅观音说法图和全上方丈妙善大和尚像。铜柱外包有12毫米厚的纯透明特制玻璃护罩，四周为大型木雕壁画，用进口柚木雕成。四幅壁画栩栩如生地再现了发生在普陀山的四大传说，即"短姑圣迹""二龟听法""飞沙填海""蓝公护法"。这些壁画精雕细刻，不仅工艺高超，而且充分显示了普陀山佛教文化的深厚内涵。

妙善大和尚为开光大典礼所作"南海观音开光法语"：宝陀岩上大悲尊，相好光明转金轮，婆心切切施无畏，万众景仰万古存。

普济禅寺

普济禅寺又称为前寺，坐落在白华山南、灵鹫峰下，是供奉观音的主刹。全寺面积很大，总共占地37 019平方米，建筑总面积15 289平方米。在寺中有大圆通殿、天王殿、藏经楼等，殿、堂、楼、轩共计大概有357间。大圆通殿是全寺的主殿，人们称其为"活大殿"，在殿中供奉着高约8.8米的毗卢观音。普济禅寺与法雨禅寺、慧济禅寺并称为普陀山三大禅寺。

普济禅寺的前身为不肯去观音院，创建于唐咸通年间，后来在宋神宗年间，将其改名为"宝陀观音寺"，专供观音菩萨，香火自此开始变得鼎盛。到了南宋嘉定年间，御赐"圆通宝殿"匾额，指定普陀山为专供观音的道场。但是此寺也有过破坏，在明初朱元璋实行海禁毁寺，直到明万历三十三年（1605年）朝廷决定拨款重建，使普济寺成为当时江南规模最大的寺院。清康熙年间，遭荷兰殖民侵略者践踏，寺院被劫掠一空。1689年，康熙下旨重新修缮、扩大规模，至雍正九年（1731年）时基本完成，现在的大部分建筑都是这期间完成的。抗日战争后，寺院萧条败落；尤其是在20世纪60～70年代，佛像尽毁，僧侣被遣散。1979年开始全面修复原貌，重筑了毗卢观音等佛像和楼阁，形成了现在的规模。

相传，在公元916年，有一个日本僧人慧锷从五台山请得观音圣像回国，经普陀莲花洋时，船不能通行，慧锷以为观音不肯东渡去日本，于是把观音圣像供奉在当地姓张的居民家中。从此以后，普陀山慢慢发展成为专门供奉观音的道场，慧锷也成了普陀山的开山祖师。

慧锷是当时日本临济宗高僧，佛教从中土传入日本后，日本僧人常慕名来中土学法。他们久闻观音大名，对观音菩萨十分崇拜。

"白莲台上弥陀佛，紫竹林中观世音。"这两句话，几乎每一个中国人都耳熟能详。相传，"不肯去观音院"建于紫竹林中，关于紫竹林的由来还有这样一个美丽的故事。

相传当时在普陀山上有一个千年蛇王，它率领它的子孙，盘踞在这个山上，没有人敢来侵犯它的地盘，再加上它来这里时间已久，这里自然而然成了它蛇王的地盘。观音菩萨听说之后，便变成一个老比丘，来向蛇王借山开道场，以广度娑婆世界的迷昧众生。蛇王为了保持自己的权益，执意不肯借自己的地盘。它对观音大士说："这是我子孙万代帝王之业的根据地，怎么可以随便借给你和尚开道场，度化众生呢？"菩萨见蛇王蛮不讲理，也就不客气地说道："你有什么能力可以大胆地拒绝我不借呢？"

▼普陀山普济寺

蛇王见菩萨问他为何占据不借，它说："我能现出原形来，围绕此山三匝。"菩萨笑着说："你真能现原形绕三转的话，我就不向你借山；如果没有本领，不能绕山三匝，那时又怎么说呢？"蛇王慨然地说："这是我平常绕惯了的，哪里有不能的道理？假使我围不上，到时我一定把山借给你开道场。"菩萨说："一言为定，不可失信。"蛇王挺起胸脯来说："大丈夫一言既出，驷马难追。"说罢摇身一变，现出原形来，原来是一条千年怪蟒，又粗又长，慢慢地开始围山，菩萨这时也运用神通妙法，把这座山慢慢地放大；蛇王围围围，菩萨的山也放放放，结果一匝还没有到，蛇头和蛇尾都连不到。菩萨见蛇王无能为力了，笑着对它说道："现在你不能围绕三匝，还有什么话说？山该借与我开道场了！"蛇王无可奈何地说："今天不知道倒了什么运，每次我都能围三匝，今天怎么一转都围不上？借是可以借给你，不过你也显一点神通给我看看，才能使我心甘情愿地认输！"菩萨说："那很容易！我手一指，这个地上的一块石头上马上能够长出紫竹来！"说完观音用手一指，马上那块白石上就长出无数的紫竹来。后来有许多朝山进香的男女们，都携带小紫竹石子，带回去做纪念品，这就是普陀山紫竹林的由来。

在普济寺神运殿的东南角有一个钟楼，这个钟楼的楼梯只能容许一人上下，所以在香会期间去看大钟的人，每天前后相继，拥挤不堪，游客甚多。这口大钟有七千余斤重，至今已近300年的历史了。钟身十分庞大，要比唐朝张继诗中所说的"姑苏城外寒山寺，夜半钟声到客船"的那口大钟要大得多了。洪钟所发出来的声音，虽不能说是"上彻天堂，下通地府"，可是与其他寺庙里千儿八百斤重的钟是不可同日而语了。

明法雨禅寺为浙江普陀山三大寺之一，又称后寺，在浙江省舟山市普陀山白华顶左侧、光熙峰下，距离普济寺约2.8千米。

法雨寺占地面积很大，约33 408平方米，现存殿宇294间，依山取势，分列六层台基上。入山门之后，台基依次升级，中轴线上有天王殿，后有玉佛殿，两殿之间有钟鼓楼，后面依次为观音殿、御碑殿、大雄宝殿、藏经楼、方丈殿。观音殿又称九龙殿，九龙雕刻得十分精致生动，九龙殿内的九龙藻井及部分琉璃瓦是从南京明代宫殿拆迁而来，被誉为普陀山三宝之一。整座寺庙宏大高远，气象超凡，从气势上就能够感受到其不寻常之处；法雨寺距离千步金沙不远，一眼望去空旷舒坦，海浪声日夜轰鸣；北宋王安石曾赞之"树色秋擎书，钟声浪答回"。

法雨禅寺

▲普陀山法雨寺

关于法雨禅寺名字的由来也是有一定的历史渊源的。法雨寺创建于明万历八年（1580年），因当时此地泉石幽胜，结茅为庵，便取"法海潮音"之义，取名"海潮庵"；到了万历二十二年（1594年）更名为"海潮寺"，万历十二年（1606年）之后又改名为"护国镇海禅寺"，但是在战国时期，因为局势混乱，遭到毁坏。到了清康熙二十八年（1689年），普济、法雨二寺领朝廷赐帑，开始进行兴建；后法雨寺的明益禅师又孤身一人入闽募资，经过三年的时间，将所募捐的财物用以建圆通殿，专门供奉观音佛像，两年后又建了大雄宝殿，目的是用来供奉诸位菩萨。康熙时期，朝廷可谓是重视寺院的发展，在康熙三十八年（1699年）的时候，清朝廷又赐名金修寺，修缮大殿，并赐"天华法雨"和"法雨禅寺"匾额，由此改为现在的名字。同治、光绪年间又陆续建造殿宇，成为名动江南的一代名刹。

清康熙三十八年（1699年）兴建大殿时，改名法雨寺。现今寺宇庞大，有天王殿、玉佛殿、九龙观音殿、御碑殿、大雄宝殿、方丈殿、印光法师纪念堂等，也可谓是一个大寺。法雨寺曾多次发生过火灾和海寇，造成无可估计的损失。后来经几代住持的努力，从而进行不断修复、修缮工作。在20世纪60～70年代毁坏程度更是严重，几乎所有的佛像都被毁。在1983年开始由普陀山佛协大规模修复，重建拜经楼，大修九龙殿。而现如今，寺宇庞大，共有殿宇194间，约计8800平方米，分列在六层台基上。其中以九龙观音殿建筑最为辉煌，殿中"九龙盘拱"等建筑系康熙时由金陵（南京）明旧宫九老殿迁移于此，甚为珍贵，殿分7间，深5间，琉璃顶，内槽九龙藻井，一龙盘顶，八龙环八柱昂首飞舞而下，正中琉璃灯宛若一颗明珠，组成九龙抢珠图案。

▲南普陀寺天王殿

2006年5月25日，法雨寺作为清代古建筑，被国务院批准列入第六批全国重点文物保护单位名单，自此得到了国家的保护。其中，印光法师纪念堂为纪念近代高僧印光大师而设，他在法雨寺潜心著述40年，文章风行全国，被推为"净土宗第十三代祖师"。1983年法雨寺被国务院列为首批对外开放的全国重点寺庙之一。

天王殿

当游客刚踏进山门，穿过九龙壁，就可以看到对面的一座重檐歇山式建筑，檐间额题"天王殿"，现有的两座五层石经幢塔为1988年重建时设立，并非清朝所建。天王殿前古樟成林，决然耸起，甬道两侧竖有两根旗杆，这也是区别天王殿与其他寺院的标志。据说，因为时间过长，其中一根已变换过七八次，而另一根虽常被香客当作神物，剥皮作药，但仍然巍峨高耸，故有了"后寺活旗杆"的美称。殿内四大天王的位置排列与众不同，据说是为了避免与普济寺重复。

玉佛殿

天王殿后的玉佛殿面阔三间，外加围栏，黄琉璃顶，是一座小巧玲珑的重檐歇山式建筑。大殿东西有钟楼和鼓楼各一，月台上有古柏一株，苍老劲健，西侧植罗汉松一株，围粗3米多，颇为罕见。玉佛殿原供有清光绪八年（1882年）普陀山僧人慧根赴印度礼佛，途经缅甸时请得的释迦牟尼玉佛像一尊，像高2米，玉色皎洁，雕琢极工。后来被毁，现在供奉的玉佛高1.3米，是1985年从北京永乐宫移来的。

御碑殿

此殿没有那么的气势磅礴，仅有五间殿宇，统一用黄瓦盖顶，在殿宇的西侧楼屋内有门，是为了方便人们去往佛顶山进香所开。大殿宽约32

▲佛殿

米，进深四间，大殿前面有外廊，斗拱承担，殿中供奉的是三世佛。大殿东侧为三间耳殿，又被称为"三圣殿"，供奉的是三圣立像。西耳殿三间为"关帝殿"。

方丈院

此院为全寺最高处，一眼望去便可看到，在二层檐楼上共设有一排27间房舍，恰当地分隔为五个院。中间七间过去为印光法师方丈室，后改为印光法师的纪念堂。印光法师俗名赵绍伊，生于

▲方丈院门

陕西，21岁在终南山莲花洞出家。光绪十九年（1893年），印光随僧人化闻赴普陀山法雨禅寺，遂在此研究佛经，长达40余年，后到苏州灵岩寺建立净土道场。印光法师著有《印光法师文钞》等佛学名著，在中国佛教界影响深远，后被称为"净土宗第十三代祖师"。

慧济禅寺

慧济寺位于海拔2913米的佛顶山上，佛顶山又名"菩萨顶"，是普陀山最高的地方，为普陀山第三大寺之一。原来是一个简陋的石亭，中间供奉着佛像，后来明代僧人慧圆创建了慧济庵，这也就是慧济寺的前身。到了清朝乾隆五十八年（1793年）的时候，开

▲普陀岛

始建立圆通殿、玉泉殿、大悲楼等，这个时候一并扩建慧济庵为寺。光绪三十三年（1902年）请得《大藏经》，由文正和尚扩建，成了现在的寺庙，与普济寺、法雨寺鼎立，称为普陀山三大寺。寺院深藏高岗林屏之中，站在寺中向远处望去，清幽绝旷，走出山门不远，便可观幽奇诸峰，缥缈群岛，四周鸟语花香，令人恍若置身天国，让来此的游客瞬间感受到内心的平静。寺院主要殿堂布局在一条水平线上，显示了设计者利用地形设计的高超技巧和智慧。

赫然醒目的"入三摩地"四个大字题刻在入口处，这是1982年庆华法师临董其昌字迹所书。同时，佛教信徒们出于对释迦牟尼佛的崇敬，把圣像供奉在全山最高的寺中的大雄宝殿内，两边侍立着弟子阿难和迦叶，在大殿两厢各塑有10尊神像，为佛教中的"二十诸天"，明灯莲台，香火不灭，来此进香之人也不胜枚举。

1987年在慧济寺中精塑2.7米高观音菩萨像，又在四壁嵌雕了一共123尊的观音菩萨石刻，汇集唐、宋、元、明、清等历朝名画家所绘的观音像，由当代雕刻大师制作，充分展现出了观音菩萨的不同面容与姿态。佛像形态各异，精妙绝伦，是普陀山佛教艺术之精华，也是佛教信徒的必来之地。寺内大雄宝殿用彩色琉璃瓦盖顶，在阳光下呈现出"佛光普照"的奇景。观音堂内，四壁镶嵌着123尊石刻观音像，会聚了唐宋元明清五朝名画家的杰作。

慧济寺深藏在林屏之中，游人到达山顶，也不会轻易地见到寺院踪影，只有当游客们进入一条间嵌莲花石板的通道，两道黄墙夹路曲绕，行不多时，见远处金光闪耀，一座琉璃瓦顶的大寺院便会出现在眼前。

慧济寺主殿屋顶用天蓝、淡绿、鹅黄、紫红等色琉璃瓦盖成，阳光

▲大雄宝殿

下映出万道彩虹，形成"佛光普照"的绚丽景象。

全寺布局独特，为其他禅林所少见，天王殿后，大雄宝殿、大悲殿、藏经楼、玉皇殿、方丈室等均在一条平行线上，颇具浙东园林建筑风格。

大雄宝殿

此殿与普陀山其他寺院有所不同，大雄宝殿为主殿，供奉的是释迦牟尼佛像，两边侍立弟子为阿难与迦叶。在大殿两厢各塑有10尊塑像，是佛教传说中的"二十诸天"，后两侧供观音及千手观音木雕像。大雄宝殿屋顶全用天蓝、淡绿、鹅黄、紫红等色琉璃瓦盖成，在阳光下映出万道彩虹，形成"佛光普照"的绮丽景观。

观音殿

此殿是在1989年新建的，殿内汇集了根据唐、宋、元、明、清以来历代画家所绘的观音像而镌刻而成的123尊佛像，是普陀山宗教艺术的精华之一。

佛寺周围有很多的古树奇花，特别是寺后门左侧有一株"普陀鹅耳枥"，又称"夫妻树"，属于珍稀观赏树种，此树是在100多年前从缅甸引种而来，至今还有着繁盛的枝叶。

▲观音殿

普陀山三宝

多宝塔

多宝塔是普陀山上的宝塔之一，又称宝佛塔，俗名太子塔，耸立于普济寺内海印池南端，修建于元朝元统二年（1334年），有着悠久的历史。这座宝塔是由山僧孚中禅师募资改建，并得江南诸藩王资助，还在塔旁建造了太子塔院，因此，人们又称其为太子塔。它是元朝留下的建筑，现为普陀山最古老的建筑之一和浙江省唯一的元代石塔。

多宝塔高达18米，拥有双层塔座，三层塔身，有台无檐，全部由太湖石砌成，高耸而坚固。1919年，印光法师与住持了余、了清等人请无为居士陈性良募捐补修，形成现在的造型。在上面的三层四面均凿龛雕佛，造型十分别致，气韵古典优雅，特别是第三层四周的观音三十二应身小像，神态温和凝重，十分逼真，给人以亲切端庄之感，活灵活现，其独特的宝匣印式造型为全国罕见。佛像的背景为十八罗汉，每个罗汉有着各异的神态，栩栩如生，这也成为一道不可或缺的景观，同时，对于佛学研究者来讲，这无疑具备了考究的价值。每层石台置石栏，石栏柱上都刻有守

▲普陀岛

护天神、狮子莲花等图案。石塔底层基座平台较宽，顶层四角饰有蕉叶山花，四周栏下雕有四个龙头，张口作吐水状，雨天水从龙口流溢，如龙垂涎。

每到清晨，旭日从海上缓缓升起，站在塔院中听着普济寺传来的悠扬钟声和千步沙海滩的澎湃潮响，两声互相应和，激荡心胸，令人神清气爽，可谓是人生一种享受，故得"宝塔闻钟"的美名。

塔院内还有诸多古迹、题刻，康有为到普陀山时曾在塔院内假山石上留题"海山第一"四字。在宝塔内还曾发现了明万历十七年（1589年）聊城御史傅光宅所撰、余姚俞近旸所书的《普陀山太子塔下藏零牙志》，这也成为喜好考究历史的人的好去处。

杨枝观音碑

杨枝观音碑为明代万历三十六年（1608年）所留古迹，此碑是根据唐代名画家阎立本所绘杨枝观音像拓本刻成，带有阎立本画工的几分神韵。阎立本是唐朝初期著名画家，但是其传世作品极少，至于佛像仅此一帖，可谓是稀世珍宝。数百年来，杨枝禅院几经兴废，但观音碑依然保留完好，有镇山之宝之称。

细细观察杨枝观音碑，可以看到上面刻有唐代仕女形象的观世音菩萨，观音珠冠锦袍、宝相庄严而雅致，碑图上观音右手执杨枝、左手托净瓶，袒胸跣足，端庄慈祥，栩栩如生。菩萨手中的净水瓶和杨柳枝，原本是普洒法雨、弘扬佛法的意思，后来演变为多种含义。碑上刻有"普陀佛像，摹自阎公，一时妙墨，百代钦崇"等字句。

在明万历十六年（1588年），抗倭名将侯继高督师海疆，顺游普陀，将历年所得阎立本和吴道子所绘观音像勒石，放在宝陀寺（今普济寺）前殿。万历二十六年（1598年），殿宇毁于兵乱，石碑也被毁。万历三十六年（1608年），宁绍参将刘炳文得到阎立本观音碑拓本，请名匠重新勒刻杨枝观音碑，并建庵供奉。300多年来，殿宇几经废兴，但因为受到珍视，此碑得以幸存。

九龙藻井

九龙藻井现存于普陀山法雨寺大圆通殿之中，即九龙殿顶部。九条为木雕，金龙栩栩如生，气势不凡，神韵不减，一龙盘顶，八龙环八根重柱昂首舞爪而下，古朴典雅，不仅令人叹为观止，而且艺术价值极高，为国家级文物，被誉为普陀山三宝之一。

藻井在古建筑中不仅仅起着装饰作用，更有着十分重要的功能。一般来看，大的佛殿中主体佛像部位都要做藻井，这样显得佛像更加庄严。古人对藻井制作也大为讲究。而藻井的材质一般都用木材，采取木结构的方式做不同形状的藻井，比如四方形、圆形、八角形，以不同层次向上凸出，每一层的边沿处都做出斗拱，而普陀山九龙藻井的斗拱做成木构建筑的真实式样，其做工十分的精细，斗拱承托梁枋，再支撑拱顶，最中心部位的垂莲柱为二龙戏珠，图案极为丰富，让人叹为观止。

其实，普陀山除了法雨寺九龙殿筑有九龙藻井外，普济寺、慧济寺等大的寺庵主殿顶部都筑有藻井，但规格没有法雨寺九龙殿高，也没有其细致可观。据说，法雨寺九龙殿竟是明故宫的九龙殿整体搬迁到普陀山的，九龙藻井原是放在朱元璋金銮宝殿之中的，所以，这个藻井的规格自然要比别的寺院藻井高了。

独具特色的普陀文化

　　普陀山是观音大士的道场，所以普陀地区许多的文化节日都与观音有关，而普陀山之所以能够闻名中外，也与佛教文化有着很大的关系。在普陀山每年都会有南海观音文化节、观音香会节以及佛茶文化节。其次，针对普陀地区的旅游资源也举办了一些具有普陀特色的旅游文化节。这些节日来临之际，国内外的游人便会蜂拥而来。普陀地区的民间文化十分的丰富，最具特色的要数渝州走书。渝州走书经过百年的改进与融合，形成了具有普陀特色的艺术形式。

普陀山南海观音文化节

每年十一月普陀山都会举行南海观音文化节，此节是舟山三大旅游节庆之一，它依托的是普陀山深厚的观音文化底蕴，以弘扬观音文化、打造文化名山为内涵的佛教旅游盛会。在文化节期间有大型的法会、佛教音乐会、众信朝圣、莲花灯会、文化研讨会、佛教文化旅游品展览会等一系列活动，不仅吸引众多海内外观音弟子、佛教信徒、香客游客聚缘"佛国"，更吸引了来自海内外的游客来此地畅游一番。

中国普陀山南海观音文化节是借助于普陀山本身的文化内涵来弘扬观音精神，从而传播观音文化，致力于打造普陀山文化名山的盛会佳节。每逢金秋时节，来自四面八方的人们可以尽情领略佛国文化的无穷魅力，游客们可以在妙相庄严佛像前体会缭绕香烟氤氲的神秘，又能够传心灯，植心愿，亲身体验佛事法会的虔诚肃穆和宗教文化感化人心的力量；还有动人心弦的佛教音乐会、恢弘壮观的朝拜法会、充满睿智的讲经说法、博览天下的佛教文化艺术展览。在此时此刻，所有的一切都将汇成一场丰盛的文化盛典呈现在您的面前，让您在最短的时间里对宗教文化、普陀山文化、观音文化有很深的感受。

在第二届普陀山南海观音文化节开始之时，明确地确立了以"自在人生、慈悲情怀"的文化节主题，这次文化节通过将普陀山的自然环境、历史文化和民俗风情完美结合，让游客真切感受"净化人心、普济大众、庄严国土、利乐有情"的佛教文化特质。

普陀山观音文化节为传扬佛教文化以及对加强国内外的文化交流起到了至关重要的作用，它已经成为目前国内佛教文化类节庆中时间最为悠久，主题特色鲜明，具有广泛影响的综合性大型文化活动。

普陀山南海观音文化节注

▲普陀圣地

重"感受普陀珞珈，体验心灵日出"的文化体验，以节庆系列活动为载体，不仅仅向世界展现和弘扬了普陀山的价值，更是对观音精神和佛国风情的完美展现。在一次文化节傍晚时分，普陀山举行了隆重的传灯祈愿法会，目的是祈祷世界和平，国泰民安。此次文化节吸引了来自国内外5000余名僧尼、信众和游客的参与。当晚，普陀山天朗气清，惠风和畅。千年古刹普陀山普济寺前，信众云集，莲灯怒放，人们等待着文化节的开始。7时30分左右，活动正式开始，由中国佛教协会副会长、普陀山全山方丈戒忍大和尚致辞，随后紧接着启动了水晶地球灯。刹那间，普济寺及其周围一片光明，千灯万灯像充满光芒的太阳一样明亮，七宝阶前光影璀璨，海印池里泉水淙淙，营造出海天佛国、琉璃世界的光明彼岸。众僧尼和广大信众在普陀山全山方丈戒忍大和尚的带领下，默默祈愿，缓缓绕行，一盏盏心愿灯，形成了一道转动的、明亮的、壮观的心灯法轮。此时，悦耳的梵呗丝竹声从普陀山海印池上飘来，游客和佛教信徒眼前浮现的是海天佛国琉璃世界的光明彼岸，他们手中摇曳希望的烛火更显光亮，心中则是一片虔诚和宁静。他们以人间净土上浓郁的禅意、璀璨的光影、虔诚的心境衬托着夜空的明月，澄清而安宁。

据了解，传灯祈愿法会是普陀山的一项宗教盛会，有着重要的意义和内涵。传灯活动由"点灯"和"传灯"两部分组成。近年来，由于国内灾难频发，不仅仅给国家和人民财产带来了重大损失，也给一些民众造成了心灵创伤，为此普陀山把今年的传灯祈愿活动的主题确定为祈祷世界和平、祈求国泰民安。

传灯祈愿法会有其独特的亮点，吸引了来自祖国宝岛台湾的200余名信众参与。一名台湾信众表示，他们专程来佛教圣地普陀山参加传灯祈愿法会，是为了寻找"灵魂"，寻找心灵的力量，他们相信这种心灵的力量会让他们的内心变得更加美好。

普陀山文化论坛也会伴随着文化节在这里举行，普陀山文化论坛是一场高规格的文化论坛，参与者有著名学者余秋雨、中科院佛学专家王志远等一些文坛巨匠，他们在论坛上纵论观音精神与价值取向。余秋雨多次参加普陀山文化论坛，并每次担纲演讲，为论坛带来了一股清新而又有哲理的思想，同时也吸引了更多的文学爱好者的参加。他认为中国文化的本性是善，佛教传播善，所以特别长久、特别深远、效果特别强。我们只有讲善，中华民族的文明才得以世世代代传播下去，汶川大地震是中华民族大善的集中体现，使中国涌现了很多高尚的人、慈善的人，我们只有拥有更多高尚的人、慈善的人，这个社会才能更和谐。

因为每年农历二月十九、六月十九、九月十九日为观音诞生、得道、出家的日子，所以普陀山观音香会节又称"普陀山三大香会期"。每当香会期间普陀山盛况空前，从普济寺的中门到佛顶山，香客如涌，人潮如浪，一波接着一波；从法雨寺的九龙殿到千级石阶的香云山径，信徒礼膜参拜，一步一跪拾级而上，虔诚之至，令人感悟，这更能体现出佛教文化对人们的思想意识的影响。尤其是在1997年农历九月廿九，南海观音露天铜像建成之后，更是吸引了不少来自海内外的香客。

普陀山观音香会节起源于观音应化诞生或成道等日，尤其是在每年农历二月十九观音圣诞日、六月十九观音成道日、九月十九观音出家日，海内外佛门弟子，不论远近纷纷从四面八方云集普陀山敬香朝拜和参加法会，以此来表现自己的虔诚之心。而在十八日晚、十九日凌晨则达到高潮期，晚上数千人在圆通殿内外坐香，齐送大悲观音名号。

十九日晨，上万信众摩肩接踵，三步一拜齐登佛顶山，场面蔚为壮观，他们的虔诚之举更是让人感动。直到十九日中午，各寺庵开始上大供，由住持带领诵经祝福，设斋供众人享用，晚上自然也有安排，会举行随课普佛。

如果此时游客们想要去寺中参拜的话一定要注意

普陀山观音香会节

一些礼仪，不要随意而行，不然将会犯下大忌：第一，在进入大殿的时候应该沿左右两侧而入，千万不可行走在殿正中央，以示恭敬。若靠门左侧行，则先以左脚入，右侧行则右脚先入，这些都是有讲究的。第二，要注意随身携带的物品，除佛经、佛像及供物之外，其余不可带入。第三，不要任意穿梭在佛殿内，唯有诵经、礼佛、打扫、添香油时方可进入。第四，进殿之前当先净身心，洗净双手，进入时不可东张西望、到处观览，礼拜后方能瞻仰圣容，默念偈云："若得见佛，当愿众生，得无碍眼，见一切佛。"第五，于佛殿内只能右绕，不可左旋，以示正道。大众共修绕佛时，注意转角处，不须住脚问讯，只要向上齐眉即可。第六，在大殿内不可以谈论世俗言语，更不可大声喧哗，除听经闻法，全体禅坐外，不要在殿内乱坐，即使讨论佛法，亦不可高声言笑。第七，于佛殿内，要注意自己的站相，不可倚壁而立或随地吐痰，坐时不可箕坐。站立时应放掌或合掌站直，以示恭敬。第八，在大殿内勿打呵欠等做出不雅的动作举止，不得已时，应退出殿外。此时，一定要注意自己的形象，不可随意而为。

▲普陀圣地

『普陀山之春』旅游节

每年三月都会在普陀山举行盛大的"普陀山之春"旅游节，此旅游节与其他景区的旅游节日有所不同，它是融群众娱乐、游客参与为一体的互动性大型旅游娱乐文化活动。首创于1990年，自此之后每年举办一届。其内容丰富多彩，节目安排各有不同，其中包括声乐、舞蹈、戏剧、书画、摄影、灯谜、幸运抽奖、佛国茶道、旅游义工活动等，是普陀山继观音文化节、香会节之后的又一旅游盛会。

普陀山之春旅游节以"生态旅游，人文体验，游客互动，百姓同乐"为宗旨，从而体现出不同的文化内涵。通过精心演绎，力争展现旅游节庆的群众参与性和游客互动性，更是为了让游客体验佛国静谧宗教氛围，达到让节庆的激情和奔放真正融入旅途中。普陀山活力四射的民俗文化，在清净佛地体验难得一见的民风激情；再加上别具一格的素食文化烹饪比赛，领略中华美食林中素食文化这朵奇葩的别样风采；修炼身心意志的"佛国朝圣五十三参"，有幸亲历善财童子参悟得道的漫漫历程。善财童子是佛教中孜孜以求、四处参访、潜心修行、终成道果的典范。

善财发起菩提心，并虚心请求文殊菩萨教导他奉行普贤行的方法，想要修炼自我。此时文殊菩萨告诉他："你要学习普贤行，最基本的方法，就是参访善知识。"善财面有难色地说："菩萨，您是圣者，但

▲普陀圣地

是我不知道哪里有真正的善知识可以参访，我对于善恶的分辨能力也很弱。"文殊菩萨耐心地指点他说："善财！对于善知识，应该将心力集中在他的德行、特长上，去效法他的优点，千万不要去评判、挑剔他的过失、弱点，这就是参访的第一要义。"文殊菩萨指示善财参访之道，并预言善财将被人美称为永久的童子。善财满怀感激地告别了文殊菩萨，开始了游历参访的生涯。善财来到南方的胜乐国妙峰山上，参访德云比丘，学会了"念佛三昧法门"，深刻体会到佛子应该具有坚定的信念。从此之后，他常常忆念诸佛的伟大，心念时时与佛同住。渐渐地，善财接受了德云比丘的教诲，并铭记在心。接着，他陆续拜访了菩萨、比丘、比丘尼、优婆塞、优婆夷等各种不同身份的善知识，听受种种的法门，最后终于到达普贤菩萨的道场，进入无生法界，最终修成正果。

　　善财共游历了一百一十个城市，参访了五十三位善知识，所以称为"善财五十三参"，从而成就了善财永久童子的称谓。在《华严经·入法界品》中，详述有五十三参的过程。善财接受弥勒菩萨的教诲后，结束参学的云水生活，最后回到普门城，踏入普贤菩萨大行的菩提道场。善财再度受到文殊菩萨的摩顶教化，就这样，善财开始修学普贤菩萨的解脱法门。最后，善财获得普贤菩萨的摩顶赞叹，并在观察普贤菩萨的清净法身中，自觉已经和菩萨融为一体，一同在十方一切世界中教化众生。善财童子终于完全证得普贤菩萨的广大行愿，不久与诸佛平等，得到一切不可思议的解脱自在。

　　关于"善财童子"的来历说法颇多，各有不同。有的说法是，因为他出生的时候有种种珍宝自然涌出，故名"善财童子"。后来又有传，善财童子受文殊菩萨的指点，拜访了五十三位名师，遇到普贤菩萨自然成佛。也有说，善财童子于观音菩萨处得道的，说法不一，但都能够体现出善财童子的修行过程。

　　观音菩萨是善财童子参拜的第二十七位菩萨，善财童子受其教导也很深。在 "五十三参法要偈"中，关于善财童子与观音相遇时，是这样记录的：又到普陀罗伽二岛上，参观自在菩萨众生宝，演慈说离怖畏随宜，证入菩萨大悲行法门。由此可见，善财童子受观音菩萨的点化，领悟大悲行法门。

普陀佛茶文化

普陀佛茶是中国绿茶类古茶品种之一，在茶文化中也是不可或缺的，产于中国浙江普陀山。因其最初由僧侣栽培制作，以茶供佛，故名佛茶。早年佛茶外形似圆非圆，似眉非眉，形似小蝌蚪，故又称凤尾茶。普陀山顶峰是佛顶山，属于温带海洋性气候。这种气候适合佛茶生长，这里冬暖夏凉，年均气温16.5℃，年均降水量1187毫米，山丘土壤多为红黄壤土，腐殖丰富，土层肥厚，林木茂盛，日出之前云雾缭绕，露珠沾润。加之茶树大都分布在山峰向阳面和山坳避风的地方，这为茶树的生长提供了十分优越的自然环境，这种自然环境更让当地的茶有着独特的口味。

佛茶有着比较传统的制作工艺和品质特色，由于普陀山茶一年仅采摘一季春茶，采摘时间为谷雨前，采摘时也有很多讲究，这些讲究让其茶的品质更具有特色。其制作工艺的过程比较复杂，往往要经过拣剔、摊放、杀青、轻揉捻、炒二青、炒三青、烘干或干燥等工序，其制作略同洞庭碧螺春。该茶从栽种到采制，特别注重洁净。"洁净"往往是佛茶最关键的种植要领，茶树从不施肥，仅耕除杂草，以草当肥；对炒茶用锅，每炒一次，须刷洗一次。其成品茶，色泽翠绿微黄，茶汤明净，香气清馥，滋味隽永，爽口宜人。

▲茶文化

　　普陀佛茶是茶文化与佛文化的完美结合，是茶本身的宁静与佛文化中的致静相结合而成。深厚的文化积淀，闻名的佛教圣地，以及海岛独特的地理环境和气候条件，使普陀佛茶成为色香味俱全的茶中精品，从而也形成了普陀地区一项具有明显区域特色和优势的传统产业。

　　佛茶历史十分悠久，始于一千多年前的唐代或五代十国时期，在当时佛教正在中国兴盛起来，普陀山也成为佛教圣地，山上古刹甚多，僧侣也多，而僧人大多嗜茶，因此在寺院周围选择佳地，栽培茶树。据《普陀县志》记载，普陀山佛茶在宋代开始盛行。宋代本来就是中国历史上茶文化高度发展并迅速走向成熟的重要时期，此时寺院茶得到极大发展。宋代以后，南方凡是有条件种植茶树的地方，寺院僧人都开辟为茶园，因此佛茶也顺势发展起来。元朝皇帝笃信佛教，普陀山作为观音的道场，具有至高无上的地位，所以朝廷经常降香饭僧。皇庆二年（1313年），皇太后遣使来山进香，命江浙行中书省拨钞868锭，买田3顷赐宝陀寺，等等。这些官助是历史上普陀山佛教得以发展的重要经济来源之一。僧田有供斋粮，有供植茶，佛茶生产继续发展。到了明朝，普陀山佛茶经普陀山僧人和居民精心培植，以其独特的风味享有盛名，佛茶也被人们所热衷。明代，普陀禅僧嗜饮佛茶，高雅者爱茶及壶，茶具收藏也随之丰富。此外明代还留下了许多咏茶的诗文，有关普陀佛茶的记述在明代的志书文献中也很多。在清代，普陀佛茶不仅被普陀山佛道两门视为防治百病、排毒养颜、延年益寿的养生饮品，而且曾作为贡茶敬献朝廷。

到了清朝康熙、雍正年间，普陀佛茶仍延续着供佛敬客的功能。当时平生嗜茶，有"茶仙"之称的"扬州八怪"之一的汪士慎，就写了一首《小白华山茗》诗："我昔东游渡沧海，波涛汹涌难形容，一山孤峙出鲛室，四时神飓摇危峰。峰头有树毓灵秀，屈干蟠根卧云雾。春来叶叶如枪旗，衲子提筐摘朝露。我正维舟陟翠微，东风扑面香霏霏。攀援寻到焙茶处，古洞云窝开竹扉。老僧揖我坐凭几，自近风炉煎石随。满碗轻花别有春，津津舌本凉芬起。瞥眼归来过十年，擎瓯往往忆芳鲜。齿摇发白不复去，苹堂寂寞飘茶香。"此诗反映了普陀山僧人邀客饮茶的场景，从侧面也体现出当时佛茶文化的兴盛。

据《普陀洛迦志》记载：在清光绪年间普陀佛茶被列为贡品。由此可见，当时佛茶的社会地位已经得到了明显的提高，佛茶曾在1915年巴拿马国际食品博览会上获二等奖。直到新中国成立后，茶园规模不断扩大，并建立了茶场。20世纪70年代末引进江苏碧螺春工艺，生产曲形茶，定名为

"普陀佛茶"。1980年以后开始正式对外销售。1981年首届浙江名茶评定即被列为浙江省八大地方名茶之一，1984年获得浙江省名茶称号，1986年普陀特产公司制作选送的"普陀佛茶"被省人民政府授予浙江省"名特优新"产品"金鹰奖"，这一系列的美誉更能够体现出佛茶的独特品质与价值。

在开发建设有机茶园的同时，也引进名茶生产机械，改进普陀佛茶加工工艺，极大地提高了普陀佛茶的内在品质和外观质量。在此基础上，加大宣传和促销力度，积极参加国内国际茶文化交流和博览会，扩大普陀佛茶的影响。

当地为了推动佛茶产业的发展，每年都会举办"中国普陀佛茶文化节"，旨在弘扬佛文化与茶文化，展现全区特色农业魅力。每届普陀佛茶文化节围绕不同的主题，从而吸引更多的人来品茶、话茶。通过精心策划茶园实景演出，高僧论佛茶，佛茶文化专题讲座，茶诗书画展，采茶、炒茶能手擂台赛，茶谜竞猜，品佛茶，结善缘捐赠活动及塘头赏茶踏青，佛茶摄影比赛，佛茶、茶具展销会，佛茶文化摄影比赛等一系列配套活动，有力推动了佛茶文化产业的又好又快发展。普陀区为了让佛茶文化发扬光大，还将进一步加大佛茶种植扶持力度，建设集采茶、炒茶、品茶、购茶、茶园观光、农家休闲为一体的精品旅游点，延伸佛茶产业链，丰富佛茶文化内涵。

2011年4月12日，第六届中国普陀佛茶文化节在舟山普陀开幕。本届佛茶节以"茶佑天下·茗香普陀"为主题，开展佛茶品茗、茶树种植、"寻茶问禅"等系列活动，将进一步彰显普陀历史文化、茶文化和佛文化的独特魅力。

沈家门渔港民间文化大会

中华民族不仅创造了光辉灿烂的黄河文化、楚越文化，而且还用人类征服海洋的智慧与实践，创造了动人心魄的海洋鱼文化。普陀海洋鱼文化，作为中国海洋鱼文化的一部分，更因其独特的地理位置，渔场条件、水产资源优势，以及传统习俗，而形成自己的特色，在中国海洋文化的宝库中，折射出奇彩异光。

沈家门渔港在长达数百年的发展史中，积淀了深厚的人文历史底蕴，更具有了一定的文化内涵，逐步形成了内容丰富、特色鲜明的海岛渔港文化，从而吸引了更多的游客来此观光旅游。受到长期海上生产生活方式的影响，渔港居民形成了独特的物质文化生活和思想行为方式。各种民间习俗，如衣食住行、岁时节令、婚丧礼仪及语言方式、宗教信仰，等等，无不渗透着鲜明的海洋特色。种类繁多的鲜活水产，其风味极其独特，渔业渔港环境促成的繁盛商贸使沈家门久负"活水码头"和"小上海"的美誉。海洋文化所涉及的范围、内涵大都在沈家门渔港得到最鲜明的体现。

中国沈家门渔港民间文化大会就是以渔港为背景，以民间文化为主题的一次海岛文化大荟萃，享受其中的游人往往会被这种文化所折服。为了更好地宣扬当地的文化，自2003年开始，普陀区就推出了这个大型的文化节庆活动。大会一年举行一届，通过整合本地的民间文艺资源，同时不忘引进外来民间绝活、高雅艺术，最终达到了中外文化交融，民间绝活荟萃，高雅文化与通俗文化有机结合、相映成趣的效果，让游人在此地能够感受到不同的文化气息。在这民间文化大会上，推出了一系列吸引人的节目，比如海陆沿港大巡游、全国舞龙邀请赛、全国锣鼓研讨会及邀请赛、孔祥东百架钢琴音乐会、交响音乐会、原创歌舞专场演出、渔港狂欢舞会、"哥德堡号"寻梦渔都等大型文化展示活动，更增加了当地文化的吸引力，扩充了旅游资源的影响力。

就拿海上大巡游来讲，大巡游往往由38艘各具特色的渔家船只组成，38艘渔船排成12个船队浩浩荡荡地行驶在十里渔港。因为每艘船都代表着不同的地区，因此，每艘船上均有特色节目表演，如舟山代表性的民间打击乐《舟山锣鼓》《巾帼战鼓》《舞龙舞狮》《爬桅杆》《船灯舞》《放

▲海岛风光

铳》等，都会让游客感受到一股浓浓的渔家风情和自然习俗。海上大巡游结束后紧接着开始陆上大巡游，陆上大巡游规模更加庞大，由五大特色方阵、十五条龙、1000多名演员组成，在巡游的过程中，观赏者可以领略到不同的文化。比如来自各海岛乡镇民间艺人表演的仪仗鼓乐、洋鼓、龙球舞、普陀典型的民间舞蹈跳蚤舞、马灯舞、狮子偎白象、火龙喷火、大头娃娃、舞鱼龙、四大龙王水族舞、渔家姑娘风情舞以及来自俄罗斯、美国、韩国和国内外知名民间绝活的表演，使得整个大巡游场面壮观、气势恢弘、个性鲜明，全景式地展示了海岛渔家文化。

为了更大范围地宣传当地的文化，在2006年11月2日，扬着16面风帆的瑞典"哥德堡"号仿古船，在中国渔都沈家门渔港，和7艘舟山仿古船亲切会晤，结伴同行，打开了人们对海洋的记忆。哥德堡号是大航海时代瑞典著名远洋商船，曾三次远航中国广州。2005年10月2日清早，天空蔚蓝如洗，新哥德堡号正式远航中国。瑞典建造"哥德堡号"仿古船的初衷，是为了向人们再现瑞中友好交往的历史。"哥德堡号"航行到今天，的确履行了自己神圣的使命。当前瑞典已成为世界上最发达、最富裕的国家之一，中国则是全球经济发展最快的国家，拥有广阔的市场潜力，两国友好合作的前景美好，"哥德堡号"的前程依然无限。

　　除了别具特色的开幕式大巡游外，当地还重视吸收各地的文化节目，中国沈家门渔港民间文化大会还安排了"南腔北调"街头绝活表演、大型交响音乐会、百架钢琴演奏会、工艺书画展览、乡镇民间民俗精品节目展演、民间民俗体育大会、海鲜美食品尝等数十项中小型的文化活动，不管是哪种活动都会吸引很多人的观赏，同时也能够彰显出不同地区的文化特色。其中不少特色文化项目受到了世界人民的瞩目，成为大会的亮点。就拿全国舞龙邀请赛为例，每年都会吸引来自全国各地的15条蛟龙会聚东海，充分展现了中华民族龙文化的神奇魅力。其中普陀区也有两条龙参加了比赛，一条是风景名胜区朱家尖的女子舞龙队，另一条是勾山街道的男子舞龙队，两条龙一刚一柔，极具海洋特性。再例如"东海浩歌"大型原创歌舞专场，这么具有文化特色的活动更是受到了人们的欢迎。在这个大型原创歌舞专场上把普陀区作者20世纪70年代以来创作的文化精品进一步挖掘、提炼和包装，汇集成一台具有浓郁海洋特色和文化气息的大戏。其中，最受人们欢迎的有舟山方言小调《四汛渔歌》、摇滚快板《渔港新城》、群舞《哦，渔娘》、歌曲《渔村人家》《普陀放歌》等，再配上演员们精彩的表演，使得整台戏散发着渔家人原汁原味的劳动生活气息。当然，沈家门在吸收外来节目与文化的同时，也没有放弃对传统节目的演绎，其中以跳蚤舞为例，这种舞蹈是以传说中济公斗火神的故事为题材与高跷结合起来，让舞者在高跷上表演，成为普陀的一绝，同时也吸引了来自海内外游客的观赏。这不仅提升了民间民俗文化的品位，弘扬了优秀的民族文化，还扩大了中外文化交流。

普陀瀚州走书

瀚州走书起源于"北滩翁州老调"，这是一类陈旧的曲艺，曾经失传，它的创始人名叫沃小安。关于沃小安的身世，在历史材料中无详尽的描述和记载，只是流传于民间的故事。

清咸丰十一年（1861年）的时候，承平军将领李世贤命手下黄呈奸吞并宁波，同年九月汪贻钧从柴桥沃家出发渡海开始攻打定海，不料却被清军击溃，汪贻钧阵亡，剩兵逃散遁藏定海各岙。而柴桥沃氏三个兄弟逃到定海马岙，然而当时清朝当局正在柴桥清查承平军乱党，为此沃氏兄弟无家可归。其中年龄最小的沃小安在家时不仅能唱各地各类小曲，还会即兴编词哼曲，就假名"安阿小"走街串巷唱曲度生计。阿小自编自唱的小调深受本地人欢迎，所以很快在舟山本岛风行起来。因为古时候舟山被称为瀚州，而马岙在瀚州之北，又是走动说唱，人们称它为"北滩瀚州老调"。

瀚州走书这种艺术形式的完成是在六横，这也是有其原因的。同治末年，安阿小得知柴桥沃氏一脉正在六横峧头大收村，就渡海到六横认亲。大收村沃家的沃阿来也很会唱曲，见到族兄远道而来更是心生喜悦，兄弟俩便开始边演唱走书，边吸纳外来曲调丰富走书的艺术内涵，再加上当地的民族风情。后来他们兄弟将串村过街的唱法改为在农闲、渔休时搭台演唱中长篇走书，这样一来方便人们的传唱，并将公堂审案用的惊堂木引做静堂木，以示听众安静下来，更让这种走书变得严肃和正规；又在伴奏中添加了二胡、丝弦等乐器，并且自创戏剧中的合扇、绢帕做表演道具，道具的增加让走书更加受到人们的欢迎，当时沃阿来有一个最小的阿弟沃阿定，他只有9岁，却跟着两位兄长做帮衬。数年的耳濡目染，加之兄长的言传身教，沃阿定15岁时就青出于蓝而胜于蓝。而且在兄长的配合下揣摩小调的元素，独创开场时的四句曲调，所以瀚州走书在六横一带流行开来。

第三代传人沃阿定住在大支，于1974年亡故，终年105岁。当时，他共收了五个徒弟。大徒弟名宝相，早已经去世。二徒弟虞方舟，住六横双塘，于1984年亡故，收徒虞海风，只做伴奏，不演唱。三徒弟虞振飞，住

▲普陀岛

六横仰天，2001年亡故，收徒王凤亚，也是伴奏，后去台湾。四徒弟汪康章，住郭巨，曾收徒陆英，但未传唱瀹州走书调。五徒弟刘章成，原是六横蛟头山西人，现住沈家门西大社区。他于1963年二月初六（农历）拜师，也是沃阿定关门徒弟。

后来书场被迫停办，古书在当时不允许被传唱，但是为照顾老艺人生活，由六横文化站赵学敏帮助沃阿定根据他亲身参加六横1929—1930年"暴动"的史实，编了《六横"暴动"案》，作为阶级斗争的教材，下乡演唱，一年演唱达194场。文化站又编印了《碧海红心》《女队长》《智取威虎山选段》等有瀹州走书曲谱的节目，发至六横各俱乐部，并在五星、双塘、小湖办骨干训练班。1966年夏，赵学敏示范演唱《碧海红心》，汪亚萍琵琶伴奏。

1984年赵学敏创作《"风流"案》，由刘章成、莫美琴演唱，参加市会演获得一等奖。2001年赵学敏又创作《把木梳卖给和尚》，由陶根德根据瀹州走书曲调改编，由吴萍儿导演，范翠素主唱，参加省会演，获创作、表演二等奖。这对瀹州走书改革作了良好的开端，得到省曲艺家协会的肯定和好评，也对走书这门艺术进行了传承和发扬。

瀹州走书的命名是在20世纪70年代，因为当时要参加省里的会演，当时，参加创作的人员觉得六横走书的名字不够大气和响亮，就觉得应该另取一个名字，后来查到《舟山诗抄》里张苍水、金湜、程世楷等历史人物在舟山写过《瀹州行》《过瀹州》等诗篇，特别是从明朝定海人陶恭的《瀹州书院》中查到"瀹州"的注释为弦歌之地，于是就命名为"瀹州走书"。 2001年12月，赵学敏编写的瀹州走书《卖木梳》发表在中国曲艺家协会主办的《曲艺》刊物上，至此瀹州走书全国有名。

　　瀚州走书是舟山奇特的曲艺品类，也是表达舟山奇特的海洋文化精神的一种方式，它与宁波走书、蛟川走书有很多不同之处。虽然表演形式和书目上有很多类似之处，可是它们在曲调、调式、唱腔、演吹打器等方面都有很大的区别，只要艺人启齿一唱，熟悉这两类走书的听众立时能分辨出来，其中瀚州走书也最为有名。瀚州走书在全国曲艺中是公认的一类独立的曲艺。因此，不能把宁波走书、蛟川走书和瀚州走书混为一谈。在沃阿定亡故后，因宁波走书的流行，他的徒弟们有的也改唱或夹唱宁波走书，而单纯唱瀚州走书的很少，第五代传人都是搞伴奏，也都是做了宁波走书伴奏，目前真正会唱瀚州走书的人只有两人，而且两人都年事已高。这种舟山曲艺有着独特的文化内涵，值得人们去传承，因此应抢救保护，希望能有更多文艺工作者和年轻人能够学习这门艺术。

普陀渔民画

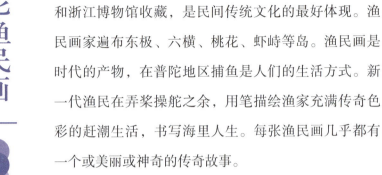

普陀曾被国家文化部命名为"当代民间画乡"，可见普陀地区的文化浓郁，普陀渔民画被中国美术馆和浙江博物馆收藏，是民间传统文化的最好体现。渔民画家遍布东极、六横、桃花、虾峙等岛。渔民画是时代的产物，在普陀地区捕鱼是人们的生活方式。新一代渔民在弄桨操舵之余，用笔描绘渔家充满传奇色彩的赶潮生活，书写海里人生。每张渔民画几乎都有一个或美丽或神奇的传奇故事。

普陀渔民画很早就已经萌生，萌发于20世纪70年代末，到了80年代初，普陀渔民画已初具规模，也独具影响。近几年，随着科技的发展，普陀渔民画工艺制作水平逐渐提高，载体和形式日趋丰富，再加上先进的绘画技术，如黑陶、彩绘、软塑彩绘、实木彩绘、植绒画、油画、沙雕画、版画、卵石画等，受到

▲普陀风光

越来越多人的喜爱。

从创作题材的角度而言，普陀渔民画大都以反映渔村的生产情景、劳动生产场面、民间传记、故事为主题。代表作有《夜拾泥螺》《采淡菜》《海上会餐》《剥虾米》《捉淡鲈》《海边补网》等。作者通过对渔村的生产、劳动、生活环境画面的精彩描述，从而表现对美好生活的向往与讴歌。在艺术技巧上，普陀渔民画有着很深的造诣和很突出的特点，它既继承了色彩对比强烈、造型夸张、画面饱满等传统手法和基本特点，同时也透露出粗犷热烈的大海气魄，更能够彰显当地人们的热情与淳朴。在表现手法上，多数作品是水粉画，也尝试运用吹塑纸版面、油画等手法，增加其艺术元素。它以艺术手段上的不真实和生活细节的真实、造型上的夸张随意和制作上的精致形成强烈反差，从而加强对比中的和谐。

普陀渔民画选材于渔民的日常生活、渔村的风土人情、渔业的生产劳作，以及当地的民间习俗和海岛的传说故事，每幅渔民画都有其独特之处。普陀渔民画的作者大多是当地的渔民和他们的妻女姐妹，他们是民间的艺术家。在他们的手中，一幅幅具有民俗特色的民画被绘制出来。在他们的日常生活中，除了打鱼织网，他们会利用空闲时间，拿起画笔，通过描绘自己熟悉的渔业劳作和海岛生活，表现他们对大海的深情，对生活的讴歌和对未来的向往，而这美丽的大海在他们的手中变得更加吸引人。普陀渔民画不但继承了中国民间绘画中色彩强烈、造型夸张、构图饱满的艺术传统，而且突显了他们最有代表性的艺术特色。这种艺术特色是其特有的，也是当地文化与习俗所赋予的。粗犷豪放的大海气魄，浩瀚的大海情怀扎根于当地的文化之中。这些平日里习惯于在海面上与惊涛骇浪搏斗的渔民勇士和烈日下终日辛勤劳作的渔家妇女，用近乎于粗糙硕壮的大手，不但创造出气势澎湃的生产、生活的真实画面，而且还能刻画细致入微的情感世界。这一切从每一幅普陀渔民的绘画之中，我们都能深切地感受到。大海哺育了他们宽广的胸襟，又滋养了他们细腻的情怀，同时大海又毫无吝啬地赋予了他们像波涛一样的创作激情，这就足以构成普陀渔民画强烈的艺术个性和艺术感染力。

不仅渔民画本身受到追捧，其多个系列的衍生产品转化为旅游产品，也被市场所认可，这一幅幅的渔民画成为了当地生活的翻版，也表达了当地人们的热情。据介绍，目前普陀已尝试开发了一系列的渔民画系列工艺品，这些民画已远销东南亚以及欧美等地，成为家居装饰、馈赠亲友的新宠。

现在，东极镇已经开始行动，此镇将30多件渔民画印制在杯垫、鼠标垫、文化衫以及礼品袋上，开发出系列旅游产品。仅在一个月的时间内，销售量已在5000个以上。而由普陀多宝阁海洋文化研究所翁来英开发设计生产的黑陶盘渔民画和"翁山船板画"，一推向市场就深受好评，不仅销路不愁，而且屡屡获奖，这不仅对当地的经济起到一个带动的作用，更加有助于当地旅游业的发展。

自1988年普陀渔民画首次走出国门，赴澳大利亚展出后，渔民画多次赴美国、法国、日本、澳大利亚、英国、西班牙等国展出、交流，这样一来就让世界知道了普陀渔民画，从而也让世界人们更加向往普陀。那些在写实基础上出现的现代主义作品和它夸张抽象的风格，被外国人称为"东方的毕加索"。

普陀美食

俗话说，民以食为天，所以到了普陀怎能不去品尝一下普陀的美食呢？普陀当地的美食种类繁多，因此有"海天佛国"的美称，美食当然也离不开素食与海鲜，尤其是素食更是当地的一种饮食特色。在普陀山任何寺庙都可以品尝到素斋，而素斋的味道也是吸引人的地方。如果你想要品尝当地的海鲜，最好的去处是沈家门，那里的海鲜大排档会让人流连忘返，种类也是应有尽有。如果你吃腻了海鲜，那不妨去品尝普陀当地的各种特色小吃，要知道小吃不仅味道美妙，而且还有许多有趣的传说故事，人们可以一边吃着美食一边听着美丽的故事。

素斋

　　普陀山的素斋颇具名气，这里的素斋种类繁多、气味芬芳、清新淡雅、营养丰富，每年都会吸引很多游客前来品尝。素斋风味以素菜为特色，蕴含当地素菜的自然口味。中华大地从南到北，从东到西，生活习惯差异明显，但在喜食素菜这一点上，却有惊人的相似之处。而普陀的素斋不仅吸收了各地素菜的相似之处，而且具有当地生活风情的特点。

　　中国素食历史源远流长，中国的饮食文化也是博大精深。亘古之初，素食延于采集植物，更是一种享受自然美味的过程，而荤食来自狩猎野牲，多半与动物相关。随着生产的发展，先秦时已经有了菜羹素食，至今已经有数千年之久。

　　秦汉时期，我国农业生产出现了历史上第一次发展高峰，也是这个发展高峰促使了素食的繁荣。当时，有名的张骞通西域，经丝绸之路传入了许多蔬菜和瓜果，这些蔬菜瓜果丰富了当时人们饭桌上的饮食。相传为西汉淮南王刘安发明的豆腐，也大大地丰富了素食的内容。西晋时期，一般士族文人崇尚清淡，大都以吃素为荣。

　　汉传佛教规定出家人有五戒，其中一个就是斋戒。当了和尚，除了不能近女色，还不能吃荤，这成了一种规矩。和尚吃的饭，叫斋饭，饭堂叫斋堂，从这一点就可以看出素斋的兴起。出外化缘，其实也就

▲素斋

是要饭，佛家叫化斋。和尚是以宗教为职业的，严格遵守五戒是本分，触犯其中一条都是不被允许的。但也有笃信佛教的人，也就是俗称的居士，虽不出家，却自觉遵守这个规矩，其在家带发修行，也不饮酒吃荤，吃全素，叫素斋。家里其他人若吃肉，吃鱼，锅碗瓢盆就不能混用，得分开。居士的规矩大，一点荤腥都不能沾，沾了，就坏了道行，也就修不成正果，后果非常严重。家中一人为居士，其他所有人都得小心谨慎。近些年，人们越来越注重身体健康，再加上报纸、电视台都在宣传，为了防止高血脂、高血压，最好吃素，素食有益健康。因此，很多人听了很信服，以为说的极是，也开始吃素。

斋饭说起来很轻松，很多人会说斋饭不就是吃素菜么？其实要做好不易。人要活命要健康，就要靠营养来维持，斋饭要有好营养，就得选好原料，而原料的选择自然很讲究。没营养的吃了非但不能长寿，还要折寿，长时间地吃一些无营养的食物怎么可能达到长寿的效果呢？所以，好素菜，选材成为重中之重。人吃东西讲究滋味，无滋无味难于下口，因此，口味也很重要。和尚、居士也是人，也讲究饮食质量，也要把斋饭做得有滋有味，要想有滋味就得有一套好的烹饪方式和菜式。小寺院不说了，大寺院，那斋饭也是极其讲究的，像山西五台山、四川峨眉山、浙江普陀山、杭州灵隐寺、北京潭柘寺、成都文殊院这些名山古刹，同时也是美食世界。在这里，斋饭绝不是外人想象的白菜豆腐素米粥，也有自己的谱，自己的味。有的斋菜，还大有名气，说它们是中华美食的奇葩也不为过。

一般食用素斋也是有一定的时间安排的，不是说想什么时候食用都行，时间安排往往很固定，早餐一般为5：30—6：00，午饭为10：00—11：00，晚饭16：30—17：00，时间安排上也相对合理。到时候不妨到客堂打听一下，花十几块钱吃一顿斋饭，别有一番风味。

在普济禅寺吃素斋，还有吃掺陈饭的习俗。这里面还有一个有趣的故事。话说五百位大阿罗汉，离开了天台山，一齐来到南海普陀山，他们都化成挂单的穷和尚，衣服不整，破烂不堪，穷相毕露，甚至还有五体不全、瞎眼哑口的丑和尚，更有什么十不全的疯癫僧，奇奇怪怪的无所不有。他们的目的是来破坏观世音菩萨齐整、庄严、清净、美观的道场，倒他的架子，所以他们装出穷样子，故意表露出丑陋的形象，看见香客就把破海青兜起来向香客要钱——化小缘，到处听到的都是他们的化缘声：

"阿弥陀佛结结缘。"香客见他们可怜的样子，也还随缘乐助，拿出银子来分给他们。因此一直到现在，普陀山化小缘就成了风俗习惯。大香会期间，各地很多的出家人，赶到普陀山来过香会期，化小缘，这也成为当地的一道景观。这种境界因为当时是罗汉在普陀山化小缘的，因此后人也就学起罗汉来化小缘，称这境界为"罗汉境界"，懂得佛法的施主们很恭敬这一班化小缘的乞士，恐怕这些人当中总有罗汉隐藏在里边，所以对他们不敢随便轻慢，这就是普陀山和尚化缘的由来。

当时，有钱的大斋主，来山进香拜佛，五百罗汉也来过堂应供，在未过堂吃饭以前，罗汉们私下开始商量起来，决定去过堂，并且狠狠地吃上一顿，想要让斋堂的饭不够吃，也让观音菩萨失了面子，倒倒架子，这也算是在报复观音菩萨。因此他们五百个饿虎星下凡似的穷罗汉，念过供养咒后，就狼吞虎咽、大吃特吃起来，三碗不够，五碗不饱，七碗八碗仍然不肯罢休，不到三五分钟，把斋堂的饭吃得一干二净，结果五百人吃了五千人的饭还是不肯罢休，弄得大众下不得台，他们还是在斋堂闹着要饭吃。他们七言八语，闹成一堆，最后还是纠缠师傅请他们暂时出去，说今天已经临时煮了好几大锅的饭拿来，还是不够你们吃，现在时间也不早了，明天打斋一定给你们吃饱，这样五百罗汉才肯罢休，姗姗离开。

观世音菩萨没有想到他们这一班捣蛋鬼来，以为是哪里来的挂单的和尚，后来才知道是天台山的五百罗汉欲报复前恨有意闹普陀山而来。他们来开玩笑，失了普陀的面子，闹得全寺不安。大众均在纷纷议论，弄得人心惶惶。大家都在想这些和尚怎么会吃得这么多，如果像这样吃下去，普陀山都会被他们吃光，明天打斋，他们又要来吃，不知需要几十石米给他们吃？不够还要闹，饭头师都不敢烧饭了。正当人们为这件事情发愁的时候，忽然有一个和尚来说："我愿当饭头，不怕他们有多少罗汉大肚皮来吃，我都教他们吃不了。"

第二天，五百罗汉又一次来到斋堂里，开始大吃大喝，可是他们当然不知道菩萨已有了准备，这时的饭菜源源而来，无有缺少，吃得他们"大腹便便"的不能再吃了，可是饭桶里的饭，仍然未曾见少。后来，五百罗汉也知道观世音菩萨的神通广大，明知是斗不过菩萨的，因此他们也就一声不响地走了。他们走了以后菩萨吩咐把山门关起来，不许他们再来取闹。罗汉看见菩萨把山门关起来不准他们进来就说："好！我看你山门关到什么时候，你哪一天山门开下来，我们就来要饭吃！"这就是前寺大门永久不开的由来。

后来大家才知道这一位饭头师，是菩萨现身的，所以才能对付五百位罗汉，把罗汉送走。大家恐怕今后再有什么罗汉们来开玩笑，因此就把菩萨烧的这一锅饭，也就是罗汉们吃不了的陈饭，留下来掺进第二次的新饭中，不论临时添多少人，都够吃的，再无粥少僧多之虑，如此新新相陈，一直到千百年后的现在，还是如此，于是这种传统被保留了下来。

海鲜

普陀山盛产海鲜，而活海鲜也相当丰富。黄鱼、墨斗鱼、海蟹、花蛤、淡菜、贝壳类、条纹虾等应有尽有，很多游客也是冲着这里的海鲜，不远千里赶来品尝一番。除各宾馆、山庄的餐饮外，饭店主要集中在海鲜园、前寺、后寺和南天门附近，这些地方的海鲜更是鲜美无比。其中，海鲜园集中了52家海鲜餐馆，在海内外享有很高的声誉，吸引了不少慕名而来的国内外游客。另外，说到海鲜的价格，偏高的地方要数普陀山上的海鲜了，可能是受到普陀山文化的影响，价格偏高，距此不远的沈家门海鲜价格要便宜得多，在沈家门转船的时候，可以痛快地享用一番。如果重点是吃最新鲜的海鲜，10月最好。

众所周知，海鲜的营养非常丰富，其中鱼类、虾、蟹等含有丰富的蛋白质，含量可高达15%~20%，鱼翅、海参、干贝等蛋白质含量在70%以上，高蛋白成为海鲜的主要特点，也成为吸引人的关键因素之一。另外，鱼蛋白质的必需氨基酸组成类似肉类，属优质蛋白；鱼类、虾、蟹等脂肪含量很低，多数为1%~3%，并且多由不饱和脂肪酸组成，容易消化，不易引起动脉硬化；鱼类脂肪含有极丰富的维生素A和维生素D，特别是鱼肝中含量更为丰富，鱼肉中还含有一定量的烟酸、维生素B_1；海带、紫菜等海中植物，还含有丰富的碘和铁。因此，在当今人们生活水平不

▲海鲜

断提高的今天，对饮食营养的追求促使他们来到这里一边游玩一边品尝美食。

　　海产品是微量元素的大本营，或许人们会认为微量元素需要量极低，在人体中不会发挥多大的作用，可它却是体内多种生化反应的催化剂，也是人体细胞组织与酶素组成的关键物质。例如锌，与细胞分裂及生长发育有关，有助伤口愈合、精子制造及自由基的排除；再比如碘是甲状腺素的主要成分，缺乏时将导致甲状腺肿大，即俗称"大脖子"等。近年来深受重视的硒，是天然抗氧化剂，能活化一种谷胱甘肽过氧化物酶，硒因此被认为能降低前列腺癌、大肠癌、肺癌的发病率及预防心血管疾病。由此可见，微量元素在人体内也发挥着至关重要的作用，在当今社会中，人们越来越注重身体的健康，所以说海产品无疑是人们所需要的。

　　另外，对于不同体质的人也有不同的要求，有几类人群是不适合吃海鲜的。第一，对于血脂偏高的人，螺贝蟹类，尤其是蟹黄，存在着很高的胆固醇，胆固醇和血脂偏高的人们应该注意少吃或者不吃这类的海产品。第二，关节炎、痛风患者，海参、海鱼、海带、海菜等海产品含有较多的嘌呤，患者常食将加重病情。 第三，出血性疾病患者，如血小板减少、血友病、维生素K缺乏等出血性疾病患者要少吃或不吃海鱼，因为鱼肉中所含的二十碳五烯酸，可抑制血小板凝集，从而加重出血性疾病患者的出血症状。第四，肝硬化患者，肝脏硬化时，机体难以产生凝血因子，加之血小板偏低，容易引起出血，如果再食用富含二十碳五烯酸的沙丁鱼、青鱼、金枪鱼等，会使病情急剧恶化，犹如雪上加霜。

海鲜大排档

在普陀地区，吃海鲜的最佳地点莫过于沈家门，沈家门夜排档坐落在著名的世界三大群众性渔港之一的沈家门渔港边，依山傍海，以观海景、尝海鲜、购海货为特色。它与国家级风景名胜区普陀山、朱家尖以及金庸笔下的桃花岛隔海相望，景观美不胜收。通过多年努力，目前沈家门夜排档在华东地区乃至全国均有一定的知名度，每年慕名而来的中外游客络绎不绝，这里的海鲜也成了前来游客的重头戏。每当夜幕降临，滨江路上人声鼎沸，夜排档摊位绵延里许，与渔火交相辉映，是十里渔港一道亮丽的风景线。

来过沈家门的人都知道，尝海鲜、观海景成为沈家门渔港最有特色的旅游项目之一。每当夜幕降临，沈家门渔港变成了灯的世界、光的海洋，海边人山人海，有的是吃完饭去散步的，有的是慕名而来吃海鲜的，有的是来吹海风的……

沈家门海鲜大排档以各种鲜活的鱼、虾、蟹、螺为主，新鲜是这里海鲜的最大特点，保持海鲜的原汁原味，更让人们流连忘返。排档沿十里渔港一字排开，食客可以边品味刚从海中捞出的海鲜，边透过岸边密如竹林的桅杆，欣赏海天一色的无尽风光。每当夜幕降临，这里更是人声鼎沸，不失为一处观光游览的佳处。

夜排档的海鲜大都是刚从海里捕捞上来，非常新鲜，而且应有尽有。在沈家门吃着海鲜，看着海景，听着海涛，吹着带有浓烈海腥味的海风，一种惬意和舒畅在身边久久回荡，可以让前来之人瞬间忘记心中的烦恼和忧愁。

在以前是一家一户自己搭建的简易帐篷，里面放着可拆卸的灶头和桌椅，这样看起来不够美观。现在屋顶全部都是用橙色的超轻钢铁建成的，门都是用大玻璃做的，里面装饰得精美而漂亮。再加上琳琅满目的海鲜让人看得垂涎欲滴，有金灿灿的小黄鱼，银光闪闪的带鱼；有活蹦乱跳的虾、螃蟹；有纹丝不动的海鳗……应有尽有。由于滨港景观工程建设，沈家门曾搬至东港。

2010年1月25日，浙江舟山普陀沈家门夜排档新貌迎客，此次"整容"很成功，让沈家门变得更加美丽。因纯真、鲜美名闻遐迩的舟山沈家

▲海鲜大排档

门海鲜夜排档，经过半年时间的改头换面，以全新姿态迎接四海宾朋。改造一新的夜排档从沈家门东港搬回沈家门半升洞渔港畔，67家"V"字形橙色铝板摊位屋，临港一字排开，全长约1000米，由世界顶级建筑设计公司设计，原来摊位篷布可被风吹起，现在摊位抗风力达14级，全天候营业，这个时候的沈家门的身价更是不断攀升。摊位屋顶内外装饰卡通式鱼类，辅以现代灯光照明，外形既现代又古朴，环境的优美更是成为吸引外来游客的关键因素之一。每间面积约75平方米，比原来增大26平方米，不再像以前那么拥挤。改普通煤气瓶小炉灶为大型现代不锈钢厨具，四边玻璃遮挡，光线通透，干净而整洁。管道煤气进摊屋，污水进管网，增添油烟分离器、消毒柜，实现油烟零排放，全套餐具即时消毒，这无疑减少了污染。规定各摊位必须在摊位内指定的位置倾倒污水（海水）及垃圾，保护了海洋的卫生。夜排档别致的造型、亮丽的色彩，将成为沈家门一道新的风景线。

海鲜大排档前新建有雕塑广场，为演艺和迎客场所，人们一边品味美食的时候，还可以观赏艺术表演。为丰富夜排档文化内涵，管理中心引入海洋文化元素，将传统文化和时尚文化相结合，个性互动和专业共赏相结合，以文化船、广场秀、卡通人物、老图片展览、渔民号子等为载体，举办诸如"冬至带鱼""夏季梭子蟹"等渔宴节，这一节日更成为吸引人们前来的关键。

沈家门海鲜夜排档名扬中外，食客如云。面对这么多的门市，你怎么进行选择呢？教你一招点菜必杀技：每点一道菜，无论海鲜或蔬菜，先问价，再落定，在菜单上写下价格，不点稀奇罕见的陌生菜。如此，业主也会佩服你的老到，既不会减了半分热情，又少了结账纠纷，皆大欢喜。

普陀素饼

关于普陀素饼有个美丽的故事，据说在大唐文宗年间，明州有个财主姓吴，特别喜欢吃鲜活禽畜鱼虾，杀生无数。也许是老天看不过眼，一天他突然患了一种怪病，喉咙间好像有一块骨鲠，弄得他好像浑身长了芒刺一样，饮食不进，寝卧不宁，求生不能，求死不得，到处寻访良医，但都没有找到可以治愈的药方。正当他十分痛苦的时候，忽然来了一个游医。游医看了看他的脸色，摇头说道："你是因为杀生太多，所以才会遭到报应；你要想起死回生，立刻做数百张素饼，去南海普陀山供奉观音菩萨，虔诚忏悔，改恶从善，然后把素饼分给吃斋的信众，观音大士慈悲，一能会救你的。"说完便消失了。

吴财主不敢延缓，立刻找人按照游医所说，做了数百张素饼送到南海普陀山，果然得到了菩萨的垂救，痼疾顿时消失了，奇迹般的病症消除。从此以后他厌食荤腥，每日念佛修行，每逢观音圣诞，必持素饼供奉，广斋全山僧俗。自此普陀素饼誉满天下，因此，凡来山礼佛香客、游人，必携素饼回乡，素饼也被赋予了新的含义，成为人们馈赠亲友的佳品。

普陀山观音饼

普陀山观音饼是一道原始与现代技术的杰作，它是在原来普陀山素饼制作工艺基础上结合中国现代食

特色美食

品加工工艺和高科技生产工艺精制而成，经过多道工序，认真制作而成，每个环节都有其独特之处。产品的原料选择也很有讲究，多取之于舟山当地丰富的天然资源，具有浓郁的普陀山海天佛国的文化特点和地方特色，因此成为普陀山观音文化节的指定产品，被评为舟山中国海鲜美食文化节"舟山十大名小吃产品"。来到这里如果不品尝此道小吃，那将会遗憾之极。

关于观音饼还有一个传说，据说观音大士自西方来到娑婆世界普度众生，适逢东土大旱，草木皆枯，虫兽相食，黎民多成饿殍，景象惨不忍睹。大士不忍，心生怜爱，手擎净瓶，遍洒甘霖，使草木长叶，禾苗复苏。但是因为树木一时之间也无法结出果实，黎民的生活依然饥寒交迫，又遭荒歉，如是者三。大士大发悲心，化为一名村妇，挖山上白土做饼，分济乡民，香脆胜似面饼。村民仿效，一时山矮坡陷。等到稻麦即将成熟的季节，灾荒也将要渡过，土复为土，不能再做饼来食用。当地的民众知道是观音大士赐恩，遂名土为"观音土"，以示纪念；而将制作饼的手艺传承下来，每逢观音诞日必奉供莲台，尊曰"观音饼"，一家老幼亲分享，期望消灾祛病，皆得福佑。现在，观音饼是广大游客、香客朝山礼佛、馈赠亲友、养生保健的最佳礼品与食品，也成为市民居家饮食、馈赠亲友、祭祖供奉的首选产品。

流连普陀的文人墨客

　　普陀山是观世音道场，是我国佛教四大名山之一，因为它的佛教文化渊远流长，因此，自古也是文人墨客的练笔佳境。千百年来，圣地以海山之胜、大士之灵，吸引着无数名人雅士驻足普陀山。他们来普陀山尽享当地美景，抒发自我情怀。宋代王安石、陆游、史浩，元代赵孟頫、吴莱，明代文微明、屠隆、徐霞客、董其昌，清代全祖望、万言、袁枚、姚燮、俞樾、刘鹗，近代康有为、孙中山、郁达夫、吴昌硕等文人墨客和海外名士先后游山礼佛，留下了数以千计的诗书画卷，增加了普陀山的文化底蕴。

宋·陆游

陆游是越州山阴（今浙江绍兴）人。南宋诗人，在我国文学史上有着至关重要的地位。陆游自幼好学不倦，12岁即能诗文，可谓是神童。他在饱经丧乱的生活中感受到深刻的爱国主义教育，因此，在他的诗中，难免有对当时局势的担忧，在仕途上不断受到当权派的排斥打击。中年入蜀抗金，军事生活丰富了他的文学内容，充实了他的文学思想，作品吐露出万丈光芒，从而成为杰出诗人。当然，他也是有一定作为的词人，只是词作量不如诗篇巨大，但和诗同样贯穿了爱国主义精神。绍兴二十八年（1158年）陆游入闽任宁德县主簿。乾道六年（1170年）入蜀，任夔州通判。乾道八年（1172年），入四川宣抚使王炎幕府，投身军旅生活，后官至宝章阁待制。陆游在政治上主张坚决抗战，充实军备，要求"赋之事宜先富室，征税事宜覆大商"，一直受到投降集团的压制，可见他的爱国之心多么的坚决。晚年的时候退居家乡，但收复中原的信念始终不渝，这也成为他晚年诗词中的主要精神所在。

陆游一生创作诗歌很多，诗词留存量也很大，至今存留九千多首，内容极为丰富。陆游的诗不仅抒发了自己的政治抱负，同时也反映了人民疾苦。在他的诗中总是能够看到战乱中人们饥寒的影子，这也是当时那个社会的真实写照。他批判当时统治集团的屈辱

当年壶属
锦塘而曾
为梅花醉
似纸二十里
中音不断
孤单容到
浣花溪

陆游醉梅

▲陆游醉梅雕像

投降，风格雄浑豪放，表现出渴望恢复国家统一的强烈爱国热情，因此，他是当之无愧的爱国主义诗人。在他的作品中，《关山月》《书愤》《农家叹》《示儿》等篇均为后世所传诵。除了表达政治思想的诗词之外，陆游还抒写了日常生活，也多有清新之作。陆游不仅工诗，还兼长词，可谓是文学界的全才。由于他对这种诗体不甚注重，所以词作不多，现存词共有130首。他的词也风格多样，并有自己的特色。有不少词写得清丽缠绵，与宋词中的婉约派比较接近，如有名的《钗头凤》即属此类。而有些词常常抒发着深沉的人生感受，政治思想也难免寄托在其中，或寄寓着高超的襟怀，如"驿外断桥边""双头莲""华鬓星星"等，或苍远，又或寓意深刻，这类词的创作风格又和苏轼比较接近。但是最能体现陆游的身世经历和个性特色的，还是他的那些写得慷慨雄浑、荡漾着爱国激情的词作，如《汉宫春》《箭箭雕弓》《春》《壮岁从戎》《诉衷情》《当年万里侯》《夜游宫》《雪晓清笳乱起》等，这些都是饱含一片报国热忱的雄健之作。这类词与辛弃疾所写的比较接近。当然，陆游在散文上也著述甚丰，而且颇有造诣。其中记铭序跋之类，或叙述生活经历，或抒发思想感情，或论文说诗，最能体现陆游散文的成就。同时也如在诗中一样，不时表现着爱国主义的情怀，比如《静镇堂记》《铜壶阁记》《书渭桥事》等。

陆游是名副其实的全才，他精通行草和楷书。他自称"草书学张颠（张旭），行书学杨风（凝式）"。他的书法简札多变，信手拈来，飘逸潇洒，无死板之感，秀润挺拔，在晚年笔力遒健奔放。朱熹称其笔札精妙，遒严飘逸，意致高远，可见他的书法也具有一定的研究价值，但是遗留书作不多，书论有《论学二王书》。传世之作有《苦寒帖》《怀成都诗帖》等。

南宋著名爱国诗人陆游，一生遭受了巨大的波折，或许正是他这坎坷的一生，促使他文学上具有巨大的成就。他不但仕途坎坷，而且爱情生活也很不幸。宋高宗绍兴十四年（1144年），二十岁的陆游和表妹唐琬结为伴侣。两人从小青梅竹马，婚后相敬如宾。然而，唐琬的才华横溢与陆游的亲密感情，引起了陆母的不满，因为古代认为女子无才便是德，以至于陆母最后强迫陆游和表妹离婚。陆游和唐琬的感情很深，不愿分离，陆游多次向母亲恳求，都遭到了母亲的责骂。在封建礼教的压制下，虽种种哀告，终归走到了"执手相看泪眼"的地步。因为他爱情的道路遇到坎坷，故此在他的诗词创作中，难免也会有对心爱之人的思念之情。

佛教对陆游的思想也产生了一定的影响，这是由于陆游家族前辈笃信佛教，他从小就受到佛教思想的熏陶，因此他也是虔诚的佛教徒。陆游平生崇佛，对佛理很有研究，佛教文化对他的诗词也产生了一定的影响。在他的诗词文章中，有不少篇章都与佛教有关。他还专程到普陀山和支提山朝圣、礼佛、写诗。即使在随军或在幕府任上的时候，他也总要到附近的寺院礼佛、写诗，甚至借宿于简陋的寺舍。陆游一生喜近禅僧、宿僧寺、吃斋饭、游历名山古刹，行动不拘礼法，被人讥为颓放，因此自号放翁。

陆游在83岁的时候，曾畅游普陀山，虽年事已高，但是他还是坚持攀登了普陀山锦屏山巅、光熙峰、莲花峰，可见他当时的心境与状态。这时他写下了"铿然忽变赤龙飞，雷雨四山黑。谈笑做成丰岁，笑禅龛椰栗"的佳句。陆游为人敢于面对现实，他不想做一个逃避现实的僧徒，而是希望能以他的才学，使百姓丰衣足食，可见其爱国爱民的思想根深蒂固。

明·董其昌

董其昌，字玄宰，号思白、香光，华亭（今上海闵行区马桥镇）人。"华亭派"的主要代表，同时也是著名的文学家。他生于明世宗嘉靖三十四年正月十九（1555年2月10日），卒于明思宗崇祯九年九月二十八日（1636年10月27日）。董其昌出身贫寒，但

▲董其昌雕像

在仕途上春风得意，青云直上。明万历十七年（1589年），34岁的董其昌举进士，开始了他此后几十年的仕途生涯，这对他的诗词创作也有一定的影响。董其昌与睢州（今睢县）袁可立同科，后来两人成为挚友。当过编修、讲官，后来官至南京礼部尚书、太子太保等职。他对政治异常敏感，一有风波，就坚决辞官归乡，几次反复起用，这也就促使他在诗歌创作上有一定的造诣。

董其昌才溢文敏，通禅理，精鉴藏，工诗文，擅书画及理论，是当时难得的人才。他是海内文宗，执艺坛牛耳数十年，是晚明最杰出、影响最大的书画家。董其昌的绘画长于山水，具有自己的风格，注重师法传统技法，追求平淡天真的格调，讲究笔致墨韵，墨色层次分明，拙中带秀，清隽雅逸，具有很高的鉴赏与参考价值。他还喜好收藏，对很多名家作品十分感兴趣，在书画理论方面论著颇多，为书画的研究起到了一定的推动作用，其"南北宗"的画论对晚明以后的画坛影响深远。董其昌不仅对书画有研究，对书法也比较精通。其书画创作讲求模仿古人，但并不泥古不化，吸收古人书画之精华，但又不失自我特色。在笔墨的运用上追求先熟后生的效果，拙中带秀，体现出文人创作中平淡天真的个性，给人豁达明净之感。加之他当时显赫的政治地位，其书画风格名重当世，成为明代艺坛的主流。著有《画禅室随笔》《容台集》《画旨》等文集，从这些文集中能够反映出他的内心向往。

董其昌晚年辞官后，常游历胜迹，驻足名山。明崇祯三年（1630年），他来到普陀山朝圣和游览，寓居白华庵。董其昌通禅理，善谈论，"吐纳终日无俗语"，且精于品题，普陀山成为其创作的题材。他到了普陀山后，各寺住持纷趋求书，此事更能够体现出他的文采与造诣。明天启七年（1627年），普陀山白华庵住持发愿建筑妙庄严路，以方便来山进香或朝拜的游客。这条起自短姑道头，经白华庵、正趣亭、三圣堂、石牌坊、海印池至普济寺全长约1200米，宽约3米的妙庄严路，经过四年的紧张施工，于崇祯三年（1630年）完工。此时正好遇到董其昌在普陀山游览，所以朗彻禅师特请董其昌撰《普陀山修路碑记》记其事。董其昌还为其书了"入三摩地"，刻于路之照壁，并与朗彻禅师共书"金绳开觉路，宝筏渡迷津"一副对联镌石于路入口处两龙。"入三摩地"是佛教名词，三摩地即为"戒、定、慧"，入三摩地就是远离心之浮沉，而得平等安详，心专止于一境之意，也就是将心止于一境而不散乱的状态，称为心一境界。

董其昌一生创作了极多的书画作品，流传至今的佳作也颇多，如今都收藏在故宫博物院、上海博物馆、吉林省博物馆、南京博物院等处。其中故宫博物院收藏的董其昌作品最多，在绘画方面较著名的有：《高逸图》轴，创作于63岁，是董其昌中晚年所创作的佳作；《关山雪霁图》卷，在其81岁高龄时所创作，是老年的佳作，根据卷末自题，此卷是从关仝的《关山雪霁图》原幅改写而成，可见其晚年也不忘创作。藏于故宫的书法作品也很多，其中著名的有：《月赋》卷，当时他已经47岁，是按照晋唐时期的书法笔锋而作，笔画娟秀，是早年楷书精心之作；三年后，其创作的楷书《东方先生画赞碑》，师法颜真卿，字体规整，行文疏朗，是中年时期楷书代表作品；年过七十以后，他仍然不忘记创作，用年迈身躯创作了楷书《三世诰命》卷，师法颜真卿，结体端正，法度严谨；《岳阳楼记》卷，作于54岁，大行书，师法颜真卿、李兆海，运笔中锋直下，转折流畅，反映了中年时期的行书面貌。当然，他的作品还有很多，并且有很大的研究价值。

"波上芙蓉尽著化，香船荡桨渡轻沙。珠林只在琉璃界，半壁红光见海霞。"这是明代诗人屠隆在《普陀十二景诗》之"莲洋午渡"中对普陀的描述。普陀山也因屠隆所作诗而始开十二景目，而屠隆之作也因此被世人所铭记。当人们想起普陀著名的十二景时，自然忘不了对他的追思。

屠隆（1542—1605），字长卿，一字纬真，号赤水、由拳山人、一衲道人、蓬莱仙客、鸿苞居士，鄞县人。他早年跟从沈明臣学诗，落笔数千官立就。明万历五年（1577）中进士，任颍上知县，修河堤除水患，当地人民为了表达对他的爱戴，在绿波亭记录其功绩。越两年调任青浦知县，由于其清正廉明，为民所称赞，在为官时期，没有做过对不起百姓之事。屠隆为人不拘小节，喜欢按照自己的性情做事情，也自称"仙令"，且不废吏治。后升礼部主事，历至郎中，这也算是他在官场上所达到的最高职位。在京都，屠隆更是纵情诗酒，被劾罢职。但乐观的屠隆根本没将此事当一回事，遂爽性游山玩水，放肆心情，游吴越，登八闽，啸傲赋诗，自由自在，过着神仙般快活的生活。后决定回鄞县老家定居，以卖文为生，更是生活得无忧无虑，自由自在，他潜心戏曲、诗词创作，常与女儿瑶瑟唱和。万历十七年（1589年），宁沼参将、督镇两浙海防的侯继高慕屠隆文才，聘请

明·屠隆

其同纂《普陀山志》。屠隆上山后专心修志，对此事丝毫不曾懈怠，主纂终成《普陀山志》一书。为了详加了解当地的风情与景貌，其间遍游普陀山，领略海天佛国山海风光，并且对每个景观都细心研究，从而诗兴勃发，首题《普陀十二景诗》，梅湾春晓、茶山凤雾、古洞潮音、龟潭寒碧、天门清梵、磐陀晓日、千步金沙、莲洋午渡、香炉翠霭、钵盂鸿灏、洛迦灯火、静室茶烟，脍炙人口，成为普陀山绝唱，至今影响深远。又撰《普陀洛迦山记》和《普陀寺募缘疏》等，每篇纪传都能彰显出普陀景之秀美。

屠隆追随王世贞的"文须秦汉，诗必盛唐"主张，他是"末五子"之一，其文风有秦汉之意，诗歌也汲取盛唐诗歌的精华。《明史》载其"落笔数千言立就"，"诗文率不经意，一挥数纸。尝戏命两人对案拈二题，各赋百韵，咄嗟之间二章并就，又与人对弈，口诵诗文，命人书之，书不逮诵也"。王世贞评说，其诗有天造之极，文尤瑰奇横逸。现知屠隆著有《栖真馆集》《由拳集》《采真集》《南游集》《鸿苞集》等，然其中佳作不多。

屠隆又精通音律，家有戏班，曾登场献艺，如果按照今天的称谓，他可谓是一个演艺圈中的"明星"。还曾校订《西厢记》，颇多独创之处，从而也彰显了他在音乐方面的造诣。他的有关度曲的论述，沈宠绥编《度曲须知》时，"稽采良多"，所著传奇《昙花记》《修文记》和《彩毫记》共此3种，总名称作《凤仪阁乐府》。《昙花记》写唐木清泰弃官求道，苦苦修炼10个春秋，最终与妻妾均成正果的故事。《修文记》则写的是蒙曜女湘灵学习道学，修炼成仙的故事，封"修文仙史"，在她的劝导下，一家潜心修道，共占仙班的故事。这两部传奇内涵很鲜明，正如《昙花记凡例》所说，"广谭三教，极陈因果，专为劝化世人"，也就是说在劝慰世人思想，其中指奸斥佞，也是为了阐发佛理，"狠下轮回种子"。名为传奇，实为法曲，是让人们的思想变得逆来顺受，没有起到积极的效果和意义。《彩毫记》则是主要描写大诗人李白，配上唐玄宗杨贵妃的故事。其中也避免不了有崇尚道释的内容，但此文中主角定位是李白，主要是写其藐视权贵的性格和气质，刻画得比较成功，体现了作者逸才慢世的创作心理。

▲普陀圣地

　　屠隆因修纂《普陀山志》寓居普陀山，在山上居住期间，曾与当时山上各大寺的当家住持交往甚深，闲时赋词频频唱和，更是一番悠然自得。当时著名的诗作有《游普陀》《竹庵上人住持普陀赋赠》等。屠隆在山修志之际，"海潮庵"（今法雨寺）开山当家大智禅师（1524—1592）尚在世，与屠隆常有谈论，两人可谓是志同道合，礼佛论诗。禅师在万历二十年（1592年）趺坐而逝，当时屠隆伤心不已。翌年，皇太后命使赍金币、香旗供殿，并造大智塔坟于雪浪山麓，故此，屠隆亲自为其撰《普陀海潮寺开山大智禅师碑记》，又为复兴普陀山出力的宝陀寺住持一乘禅师撰《南海宝陀寺藏经颂》，可见屠隆与两位住持禅师的关系非同一般。屠隆博学多才，能诗会赋，戏曲、书画造诣更是精通，但他从普陀山回到鄞县后，受到普陀山佛学与道术的影响，潜心禅理，沉湎道术，自此一贫如洗，竟沦落到要向邻居乞讨来艰难度日的生活，终以潦倒卒。屠隆擅作长诗，谈笑间，数百言脱口而出，尤其精通戏曲，著有《昙花记》《修文记》《彩毫记》三种。书法更是功夫了得，擅行书、草书。另著有《白榆集》《由拳集》《鸿苞集》等多种佳作，其中《观音考》《佛法金汤录》等著作也是他在普陀山上所思后有所得而著述的。他的诗文不仅仅对后世有一定的影响，戏曲也更是为后世所称道。

　　竹禅（1825—1901），从其姓名就能够对其身份了解一二，他是清朝著名僧人，俗姓王氏，号熹公，清朝梁山县仁贤镇（今重庆市梁平县）人，曾经居住在上海龙华寺。其擅长书画、金石雕刻，绘画自成一格，独特而具有神韵。其水墨人物、山水、竹石，人谓别成一派，成为当时人们效仿的典范，对题画诗也很有造诣，著有很多佳品。他在光绪（1875—1908）间返回四川后圆寂。

　　竹禅为僧时年仅14岁，在梁山报国寺出家，受戒于双桂堂，一生云游大江南北，领略自然之美，晚年为梁平双桂堂第十代方丈。他精通诗文，擅长书画，工篆刻，可谓"全才和尚"。他为僧期间也不忘游山玩水，领略天然之灵气。曾游历名山大川，并在北京、重庆等地居住，在重庆寓居最久，为了维持生计，皆以卖画为生，可见其字画也算是妙绝。咸丰六年（1856年）前后回到梁平，赠予双桂堂贝叶经、舍利子等珍稀佛教文物。为此，双桂堂修建了一座舍利塔，至今依然存在。光绪二十四年（1898年），为了解决当时双桂堂的经济困难，他不辞辛苦从重庆汇银1000两。次年双桂堂派人到重庆请竹禅回梁平主事，他欣然应允，于光绪二十六年（1900年）回到梁平。

　　竹禅，人如其名，平生爱竹，又是一位禅僧，故取名竹禅。竹禅善于画竹，效法清初画家郑板桥。他

清·竹禅

▲阳光和沙滩

常在蜀山竹林中细致观察竹的各种形态，精心绘画"必得成竹于胸中，上而尖顶，下而笋根，使全身透露，影现檀栾，庶几风晨月夕，恍惚遇之"。因此，竹禅所绘竹叶，姿态万千，不拘泥于一种形态，颇有神韵，为后人所称道。通景竹屏一堂共四幅，善于借用拟人手法，题为吟风、烘晴、醉雨、承露，用浓淡不同的墨色再现了竹子在风、晴、雨、露中的各种神态，妙不可言。这些画是竹禅于光绪二十一年（1895年）在南海普陀山白华庵绘制的，后由雪堂的弟子星寿带回龙藏寺珍藏，从而得以保全。1931年，星寿又将这些画转赠给宝光寺。

他与"扬州八怪"、破山禅师齐名,是晚清闻名遐迩的画坛怪杰。自他圆寂之后,人们在他墓前题联评价,以此来表示对其哀悼之情,题联曰:"携大笔一枝,纵横天下;与破山齐名,脍炙人间。"对联是这位书画名家一生的真实写照。他后收方炳南为弟子,而方炳南擅长绘画花鸟、蔬果,著有种菊轩《画谱》,木廖精印,广为流传;竹禅曾主持省、县"劝工局",首创竹帘画,使梁平工艺美术品省内外驰名,成了清末全国著名的民间画师,其造诣精深是无人可比的。

竹禅喜好云游四海,尤其是在他40岁左右的时候,"所至名山古刹,多有留墨,体格高超,轶唐迈宋,人是以珍重之"。以后,他又多次到北京,出入于王公巨卿间,与翁同龢、徐甫等相友善,一时名满天下。

竹禅著有《画家三昧》6卷传世。其书画作品中以水墨人物、山水、墨竹、顽石、罗汉佛像见长,当然不乏对佛文化的宣传与发扬。其主要作品现存于新都宝光寺、普陀山白华庵。至今保存完好的作品很多,在2005年北京市拍卖行春季书画精品拍卖会上,他的一幅六尺四条屏灵石图拍卖价达数十万元。近年来有两幅佛家罗汉图流传于世。其书画作品已收入《海上墨林》《韬光斋笔记》《益州书画录》等书,其名载入《中国美术家名人辞典》。

清·刘鹗

　　刘鹗，生于1857，卒于1909年，是清末有造诣的小说家，原名为孟鹏，字云抟、公约，后更名鹗，字铁云，又字公约，号老残，署名"鸿都百炼生"。江苏丹徒（今镇江市）人，寄籍山阳（今淮安楚州）。刘鹗自青年时期拜从太谷学派李光（龙川）之后，终生主张以"教养"为思想大纲，发展经济生产，富而后教，养民为本的太谷学说，此学说影响其一生。他一生从事实业，主张投资教育，认为教育是根本，目的就是能够实现太谷学派"教养天下"的目的。而他的主张实现起来并没有那么容易，在其奋斗的过程中，也是屡遇挫折。他之所以能屡败屡战、坚忍不拔，精神支柱自然是他所追求的太谷学派的思想。

　　刘鹗出身官僚家庭，也算是名门之后，但他却不喜欢科场，不想以科举胜人。他承袭家学，致力于数学、医学、水利、音乐、算学等实际学问的研究，并博览群书，喜欢收集书画碑帖、金石甲骨。其《铁云藏龟》一书，最早将甲骨卜辞公之于世，"甲骨四堂"中的二堂（罗振玉号雪堂、王国维号观堂），都直接或间接地受到刘鹗的影响。而刘鹗所刊刻研究三代文字的《铁云藏龟》等书，更是其拓印、系统研究古文字及其演变过程的代表作。

　　刘鹗生在封建王朝统治彻底灭亡的前夕，在他的思想中一方面反对革命，体现了他传统的旧思想，而

▲普陀圣地

另一方面也对清末残败的政治局势感到不安和悲愤，又体现了他的爱国之情。他要求澄清吏治，反对"苛政扰民"，他希望用这种方式来缓和阶级矛盾。在西方文明潮水般涌入的情况下，他开出的"扶衰振敝"的药方是借用外国资本兴办实业，筑路开矿，使民众摆脱贫困，国家逐步走向富强，但是他却没有看到这种方法的不可取之处。他在给罗振玉的信中说："晋矿开则民得养，而国可富也。国无素蓄，不如任欧人开之，我严定其制，令三十年而全矿路归我。如是，则彼之利在一时，而我之利在百世矣。"但在帝国主义对中国加紧侵略步伐并大肆进行经济掠夺的情况下，刘鹗不但没有积极的态度，更是对外商多方迁就，其所定之制往往有损于国家主权和人民利益。

光绪二十六年（1900年），也就是刘鹗44岁的时候，他由北京南归，春游普陀。他游过普陀山后所著的《老残游记》备受世人赞誉，是十大古典白话长篇小说之一，又是中国四大讽刺小说之一。他在《老残游记》中就写到了普陀山的内容，这本小说也让他的名声大噪，被后人所铭记。

《老残游记》有着很重要的内涵，是刘鹗的代表之作，流传甚广。小说内容是以一位郎中老残的游历为主线，对社会矛盾开掘很深，尤其是他书中敢于直斥清官误国，清官害民，指出有时清官的昏庸并不比贪官好多少。这一点对清廷官场的批判是切中时弊、独具慧眼的，从而也方便了当今人们对清朝历史的研究。